Я

RONSARD

Gilbert Gadoffre

Écrivains de toujours
SEUIL

*La première édition de cet ouvrage a paru en 1960
dans la même collection.
La présente édition a été entièrement augmentée et mise à jour*

En couverture : G. Dagli Orti

ISBN 2-02-019829-0

(ISBN 1re édition 2-02-000050-4)

© Éditions du Seuil, 1960 et mars 1994

Le Code de la propriété intellectuelle interdit les copies ou reproductions destinées à une utilisation collective. Toute représentation ou reproduction intégrale ou partielle faite par quelque procédé que ce soit, sans le consentement de l'auteur ou de ses ayants cause, est illicite et constitue une contrefaçon sanctionnée par les articles 425 et suivants du Code pénal.

À Boris de Schlœzer

LE TRANSFERT DE LA GLOIRE

Il y a plus d'un Ronsard. Le jeune et pétulant chef d'école de 1550 qui fait son entrée dans la vie avec l'ardeur d'un fondateur de villes ; le prince des poètes de 1570, salué par les cours et les humanistes de toute l'Europe comme le Virgile des Temps modernes ; l'image humiliée, transmise par Malherbe et Boileau, du faux grand homme sans génie qui en français parlait grec et latin avec un mauvais goût digne de l'âge gothique ; le Ronsard de Sainte-Beuve, restauré à mi-hauteur, félicité avec condescendance pour les aspects mineurs de son talent et classé un peu après La Fontaine dans la hiérarchie des « gentils poètes » ; enfin le Ronsard des lycées et collèges, fils naturel de Sainte-Beuve, admiré pour la limpidité de quelques chastes sonnets à Marie, et affublé du rôle de précurseur des grands classiques.

Le plus grave est que le lecteur moderne est sans défense, car les moyens d'accès aux poètes de la Pléiade ont été aménagés en fonction de ces récents stéréotypes. Hormis les spécialistes, qui oserait s'attaquer aujourd'hui aux milliers de pages des œuvres complètes ? Restent les florilèges. Mais ils suivent la tradition scolaire et nous offrent un Ronsard amputé de ses saillies baroques, de son érotisme, de sa verve, et de son grand lyrisme que Sainte-Beuve n'avait pas eu l'heur d'aimer. Le Ronsard que nous croyons connaître n'est autre chose qu'une restauration habile et mièvre due au Viollet-le-Duc des lettres françaises. À lire les anthologies, qu'il a

■ Les trompettes de la Renommée, telles qu'elles sont représentées par Antoine Caron. Détail de *La Sibylle de Tibur* (vers 1586). Si le désir de gloire et d'immortalité est très présent chez les poètes de la Pléiade, et notamment Ronsard, peu de grands écrivains français ont eu une postérité qui les dénature à ce point : pour goûter et découvrir Ronsard, il nous faut aller au-delà de l'image trompeuse et tronquée que nous avons reçue à l'école. Coll. part.

LE TRANSFERT DE LA GLOIRE

toutes indirectement inspirées, on pourrait croire que l'auteur des *Amours*, à travers sa longue vie, n'a fait que cueillir des fleurettes et trousser des compliments aux filles. Où est, dans tout cela, le grand Ronsard couronné de lauriers, celui dont l'humaniste Étienne Pasquier disait : « Ou jamais notre poësie n'arrive et n'arrivera à sa perfection, ou, si elle y est arrivée, c'est en notre Ronsard qu'il la faut telle recognoistre » ? Ce Ronsard-là nous est caché par les masques que plusieurs siècles ont déposés sur son visage. Il est devenu le plus grand de nos poètes inconnus.

Rien n'oblige d'accepter sans contrôle l'image qu'un écrivain veut laisser à la postérité. Mais si chargé soit-il d'illusions ou d'arrière-pensées, un autoportrait contient toujours des projections qui sont autant d'aveux, et nous renseignent plus sur un auteur que les gloses d'école. Au lieu de dauber sur les vastes ambitions du chef de la Pléiade, mieux vaut comprendre de quoi elles étaient faites. Elles n'expriment pas tout Ronsard, mais elles ont conditionné des attitudes qui, à leur tour, ont très fortement marqué l'œuvre.

Les hommes de la Pléiade appartiennent à la troisième génération de la Renaissance, celle des fils et des petits-fils des anciens combattants des guerres d'Italie. Les pères de Ronsard et de Baïf, les deux oncles de Du Bellay ont passé les années les plus actives de leur vie dans la péninsule, au service de François Ier, et ils en sont revenus avec des goûts d'humanistes transalpins. Lazare de Baïf occupe ses loisirs de maître des requêtes à l'hôtel du roi à écrire des traités d'archéologie et des traductions en vers de Sophocle et d'Euripide, le cardinal Du Bellay commet des poésies latines, et Louis de Ronsard, après s'être distingué sur les champs de bataille de Rapallo, Alexandrie, Milan, s'acharne à transformer sa vieille forteresse de La Possonnière en un manoir aimable, égayé de fenêtres à meneaux, de médaillons, de sentences érudites et d'une cheminée sculptée, orgueil de la maison, qui n'eût pas déparé le château d'un seigneur lombard.

Il est aussi féru de lettres. Comme beaucoup de ses contemporains, il a réagi contre « la faulse persuasion de ceux qui pensent tel exercice des lettres déroger à l'estat de noblesse », ne fût-ce qu'en raison de l'exemple de l'Italie où, comme le fait remarquer Joachim Du Bellay dans sa seconde préface à *L'Olive*, les plus grands personnages s'adonnent à la poésie avec passion, « voire jusqu'aux cardinaux et aultres seigneurs de renom ». Il lit et écrit des vers, il aime discuter rimes avec un poète qui a eu son heure de notoriété, Jean Bouchet, il ouvre sa maison aux lettrés, et on peut dire que le jeune Ronsard, dans toutes les circonstances de sa jeunesse, n'a cessé de rencontrer des gens qui se nourrissaient aux classiques. Son oncle Jean, archidiacre de Laval, dont il semble avoir été le neveu préféré, lui léguera en mourant sa bibliothèque riche en auteurs latins. En Écosse et à l'école des pages, il se lie avec le mystérieux « seigneur Paul » qui lui apprend à lire Virgile, et avec le maître d'équitation, François de Carnavalet, qui partage ses goûts. Mis à la disposition de l'ambassadeur Lazare de Baïf, il trouve dans ce grand personnage non seulement un patron et un protecteur, mais un maître à penser qui guide ses lectures et lui permet de partager avec son fils Antoine les leçons de grec de son précepteur Daurat.

C'est aux complicités de tout un milieu social que Ronsard doit l'éclosion de ses penchants poétiques. Ce fils de hobereau est malgré tout un enfant de la balle ; il doit aussi aux douze ans passés dans une gentilhommière vendômoise des habitudes de communion sensuelle avec la nature que ne lui aurait pas données une éducation de bourgeois citadin. Il le sait, et ne se lasse pas de revenir sur les moments heureux de son enfance campagnarde :

> Je n'avais pas quinze ans que les monts et les bois
> Et les eaux me plaisoyent, plus que la Court des Rois,
> Et les noires forests en fueillages voutées,
> Et du bec des oiseaux les roches picotées ;
> Une valée, un antre, en horreur obscurci,
> Un désert effroyable estoit tout mon souci,
> A fin de voir au soir les Nymphes et les Fées,
> Danser dessous la Lune en cotte par les prées.

LE TRANSFERT DE LA GLOIRE

■ Double page suivante : le château de la Possonnière à Couture-sur-Loir, où naquit Ronsard en 1524, où il passa son enfance et son adolescence, et qui lui échut après la mort de son frère aîné. Il y fit alors de fréquents séjours.

LE TRANSFERT
DE LA GLOIRE

C'est vers sa douzième année que prend fin cette vie bucolique. Après un rapide passage au collège de Navarre, le voilà mêlé précocement au tumulte des cours, des haras, des équipées diplomatiques. Page, il suit Jacques V et Madeleine de France en Écosse, puis le duc d'Orléans, puis Lazare de Baïf en Alsace. Va-t-on le pousser à la cour, ou dans la carrière militaire, lui qui avait à ce moment :

[…] tout le cœur enflé d'aimer les armes ?

Il est d'usage de mettre au compte de la surdité son orientation vers les études. C'est accepter trop vite une version accréditée par Ronsard lui-même, puis par ses biographes, mais qui mérite un examen critique. Sur les faits, aucun doute. Vers la fin du séjour en Alsace, il est atteint d'un mal qui laisse des traces très durables :

[…] une aspre maladie
Par ne sçay quel destin, me vint boucher l'ouïe,
Et dure, m'accabla d'assommement si lourd
Qu'encores aujourd'huy j'en reste demy-sourd.

Claude Binet, son premier biographe, parle simplement d'une « fièvre tierce dont il devint sourdaut », mais la façon dont il commente l'événement est très révélatrice de l'orientation donnée, du vivant même du poète, à la légende ronsardienne : « Ainsi qu'il en advint à ce divin Homere qui, sur la fin de ses voyages, s'estant embarqué avec le marinier Mentes, pour apprendre les diverses façons des peuples et la nature des choses, ayant abordé l'Isle d'Itaque eut un catherre sur les yeux qui luy fit perdre la veüe estant arrivé à Colophone. Voila comment deux grans Poëtes, par un presque semblable sort se virent privez de sens fort necessaires : Homere, les escrits duquel tout le monde devait voir et lire si soigneusement, de celuy de la veüe ; et Ronsard, dont la douce cadence des vers devait estre recueillie des plus delicates oreilles du monde, de celuy de l'ouïe. J'appeleray toutefois ce malheur bien-heureux, qui fut cause que Ronsard, qui pour s'avancer pres des grans, par le chemin des courtisans, eust peut-estre perdu son temps inutilement, changea de dessein et reprit les estudes laissées. »

On voit la légende prendre corps : marqué par les dieux, le prédestiné se voit interdire les carrières communes, et renonce au monde pour ne plus s'entretenir qu'avec les muses.

Le caractère mythique de cette version, calquée sur de vieux stéréotypes, devrait suffire à faire poindre des doutes. Non que la surdité, ou plutôt la demi-surdité, soit en cause.

Ronsard a l'oreille dure, mais pas au point de se voir interdire la vie de société. Le même Claude Binet, qui l'a connu dans sa vieillesse, insiste sur le charme de sa conversation, qui est restée « facile et attrayante », et Du Perron nous le montre entouré d'amis et d'admirateurs avec lesquels il s'entretient familièrement à chacun de ses séjours à Paris. L'état de son ouïe ne semble pas l'avoir empêché davantage de jouer au courtisan, depuis le milieu du règne d'Henri II jusqu'à la mort de Charles IX. Et quel courtisan ! Actif, insatiable, toujours en quête de pro-

■ *Les Figures et Portraits des sept âges de l'homme. L'enfance.* Cette gravure est extraite d'un recueil de huit planches, accompagnées de quatrains empruntés à Ronsard (édition de 1595). Paris, Bibl. nat.

LE TRANSFERT DE LA GLOIRE

tecteurs, d'appuis dans ses démarches, capable de jouer du coude et de mordre. Il ne se retirera qu'après l'avènement d'Henri III, qui a d'autres goûts que les siens, et préfère à ce Virgile vieillissant l'aimable et facile Desportes.

Entre la surdité et le retour aux études on ne peut donc établir les liens de cause à effet que biographes et historiens ont été unanimes à admettre. Pas plus qu'on ne saurait conclure de ces deux vers :

> Vous me responderez qu'il est un peu sourdaut
> Et que c'est déplaisir en amour parler haut

LE TRANSFERT DE LA GLOIRE

qu'il a dû renoncer aux femmes depuis l'âge de vingt ans. Ronsard n'a renoncé ni à la cour ni à l'amour, et la légende de l'Homère foudroyé n'a fait fortune que dans la mesure où les biographes ont isolé Ronsard de son contexte. Pour peu qu'on l'y replace, on trouve une autre courbe de destin.

Prenons l'un après l'autre les poètes de la Pléiade : ils appartiennent presque tous au même milieu social, celui de la petite noblesse de province qui se débat contre la ruine. C'est le cas de Ronsard, de Du Bellay, de Pontus de Tyard, de Guillaume des Autels, de La Péruse. Le jeune Antoine de Baïf, qui fait figure de riche héritier auprès des autres, n'est guère plus favorisé : le somptueux train de vie de son père n'est dû qu'à des cumuls de charges viagères et de missions à l'étranger. Quand Lazare de Baïf le laisse prématurément orphelin, il n'a pour tout héritage que la maison du faubourg Saint-Victor et une minuscule gentilhommière dans le Saumurois, qui ne peuvent faire vivre un homme. Lui aussi devra mendier les prébendes. On comprend les pères prévoyants, comme Louis de Ronsard, qui exhortaient leurs fils à moins penser aux muses et à faire des études de droit pour avoir accès aux offices.

Les préoccupations matérielles ne sont pas étrangères à l'intérêt subit pour l'université que l'aristocratie française commence à éprouver. La mode et la curiosité d'esprit n'expliquent pas tout. À partir du milieu du règne de François Ier, l'inflation prend une allure inquiétante et la livre tournois ne cesse de se déprécier. Entre l'avènement du roi François et la mort de Charles IX, le prix de la vie a sextuplé, alors que les salaires augmentent faiblement et que le taux des redevances féodales dont vit la petite noblesse est immuable. Les hobereaux et le menu peuple sont donc les deux victimes d'une expropriation économique dont la bourgeoisie citadine est le principal bénéficiaire. D'un bout à l'autre de la France, grands et petits seigneurs sont criblés de dettes et d'hypothèques.

■ *Les Figures et Portraits des sept âges de l'homme. Le viril.* Paris, Bibl. nat. Dès l'âge de douze ans, s'achève l'enfance idyllique. Ronsard connaît la vie des armées avec son père en Provence ; il devient page du dauphin François, assiste à sa mort et même à son autopsie (1536).

LE TRANSFERT DE LA GLOIRE

Les grands ont la ressource des charges à la cour – expédient d'ailleurs tout provisoire, et qui laisse entier le problème de l'« établissement » des enfants – mais les petits ne disposent que de trois solutions : l'armée, les bénéfices ecclésiastiques ou l'achat des offices.

Nous sommes à l'époque où la monarchie française s'est délibérément orientée vers la bureaucratie et multiplie les créations d'offices. En créant le « bureau des parties casuelles », en 1522, François Ier donne une sorte de statut officiel à la vénalité des offices, et à partir de ce moment, de nouvelles charges ne cessent d'être mises en vente (offices de finances, de maîtres de requêtes et de conseillers aux différentes chambres des parlements de Paris et de province, offices judiciaires, offices de bailliages et de municipalités). À la fin du siècle, la France est devenue un pays de fonctionnaires, et le juriste Loyseau pourra dire : « Aujourd'hui moitié des habitants des villes sont officiers. »

Les offices doivent s'acheter, mais ils rapportent, dans les cas les plus favorables, de dix à vingt pour cent du capital engagé, avantage inestimable en période d'inflation. Ajoutons qu'ils deviennent très vite des valeurs mobilières négociables : on peut les « résigner » en faveur d'un candidat pourvu de grades universitaires, et les revendre, parfois avec bénéfice pour celui qui a su acheter et vendre au bon moment. Encore faut-il avoir des grades. La première précaution des familles sera de diriger leurs fils vers les facultés de décrets qui donnent les qualifications : après quoi, il sera toujours temps de vendre une de ces terres qui rapportent si peu, pour faire un investissement plus productif dans un achat d'office.

Aussi voyons-nous la jeunesse dorée s'orienter vers la faculté de décrets. Neveu d'un des grands capitaines de la guerre d'Italie, d'un cardinal et d'un évêque, Joachim Du Bellay entreprend des études juridiques. Colletet va jusqu'à dire de lui que « par la force de son esprit et par ses veilles assidues il devint un grand jurisconsulte, et tel que, s'il eût suivi cette noble profession, je ne fais pas de doute qu'il n'eût tenu un rang fort honorable parmi les plus grands jurisconsultes de son siècle ». Guillaume des Autels, La Péruse, Muret, Vauquelin de La Fresnaye n'ont pas débuté autrement. Par quel miracle retrouverons-nous, quelques années ou quelques mois plus tard, ces jeunes « décrétistes » plongés dans les poètes grecs ?

LE TRANSFERT DE LA GLOIRE

> Nous passions dans Poitiers l'Avril de notre vie ;
> Au lieu de démêler de nos droits les débats,
> Muses, pipés de vous, nous suivions vos ébats.

Ainsi parle Vauquelin de La Fresnaye, qui n'était pas seul à aborder le droit par le chemin des écoliers. Il avait trouvé à Poitiers même des complices dans la personne de garçons de son âge : La Péruse, Toutain, Scévole de Sainte-Marthe, qui passaient le plus clair de leur temps à lire des poètes, guidés par le jeune Muret qui, de son côté, nous confie dans sa préface aux *Sentences grecques* : « À Poitiers, où mes parents m'avaient envoyé pour cultiver mon esprit, j'allais parfois écouter les cours de droit civil, mais bien rarement, et moins pour y apprendre quelque chose que pour contenter mes parents qui m'avaient voué à cette étude. »

■ Joachim Du Bellay (1522-1560), qui publia sa célèbre *Défense et Illustration de la langue française*. Un an avant les Odes de Ronsard, une nouvelle école poétique est née. Les deux poètes auront des rapports très amicaux, non exempts toutefois d'un sentiment de rivalité. Paris, Bibl. nat.

Dans la plupart des cas, la formation littéraire de ceux qui deviendront des écrivains humanistes se présente donc comme une sorte d'art d'agrément, pratiqué en marge des études tout en empiétant sur elles, et qui tire une partie de son charme de son caractère de contrebande, et du réseau de complicités qu'il implique. Fantaisie de gentilshommes, inconscience d'adolescents plus enthousiastes – et quelquefois plus snobs – que préoccupés d'avenir, zèle d'adultes désireux de ne pas retarder sur leur temps, on trouve de tout cela chez les étudiants du collège Coqueret, qui sera le noviciat et le laboratoire de la Pléiade.

Ronsard n'a pas suivi d'autre chemin. Son père l'a envoyé très tôt au collège de Navarre, et si l'expérience est manquée – on doit le retirer au bout de six mois –, on attribue l'échec à son insuffisante maturité, à l'humeur des régents. Puis c'est l'école des pages, la vie errante à la suite des princes et des ambassadeurs. À son retour d'Alsace, il a dix-neuf ans, et le temps est venu d'orienter sa vie. Il reconnaît que son stage au collège de Navarre est une insuffisante préparation, et va reprendre ses études ; mais, précise Claude Binet, « non en intention qu'il s'adonnât à la poésie ».

La position du vieux chevalier est très ferme. Lui, cultive la poésie comme un délassement, mais il veut pour son fils une position sociale, un grade dans l'armée, ou un office qu'il pourrait obtenir après avoir passé par la faculté de décrets. Et il a assez de lettres pour lui remettre en mémoire le sort d'Homère, le mendiant aveugle :

> Homère, que tu tiens si souvent en tes mains
> Qu'en ton cerveau mal-sain comme un Dieu tu te peins,
> N'eust jamais un liard ; sa Troyenne vielle,
> Et sa Muse qu'on dit qui eut la voix si belle,
> Ne le sceurent nourrir, et falloit que sa faim
> D'huis en huis mendiast le miserable pain.
> Laisse-moy, pauvre sot, ceste science folle ;
> Hante-moy les Palais, caresse moi Bartolle,
> Et d'une voix, dorée, au milieu d'un parquet,
> Aux despens d'un pauvre homme exerce ton caquet,
> Et fumeux et sueux, d'une bouche tonnante,
> Devant un President mets-moy ta langue en vente :
> On peut par ce moyen aux richesses monter,
> Et se faire du peuple en tous lieux bonneter.

Mais le vieux gentilhomme a beau tourner et retourner ses arguments, il n'arrive pas à convaincre ce grand garçon aimable et rétif, peu attiré par les carrières juridiques :

> Pour menace ou priere ou courtoise requeste
> Que mon pere me fist, il ne sceut de ma teste
> Oster la Poésie, et plus il me tansoit,
> Plus à faire des vers la fureur me poussoit.

Quoi que Ronsard en dise, il a dû arriver à une sorte de compromis, car l'année même où Binet situe ce débat familial, il se fait conférer la tonsure par l'évêque du Mans, ce qui lui réserve le droit de briguer plus tard des bénéfices ecclésiastiques. La solution est moins satisfaisante puisque la distribution des bénéfices, depuis le concordat de 1515, dépend du bon plaisir des princes, alors qu'un office s'achète régulièrement et se négocie.

En optant pour cette solution moyenne, Ronsard a préservé les études de son choix, mais il s'est condamné aux incertitudes matérielles du sort d'intellectuel de cour. La mort du père lève bientôt les dernières hésitations. Louis de Ronsard à peine enterré, Pierre se plonge plus que jamais dans les poètes grecs sous la direction de Daurat, qu'il ira finalement rejoindre au collège Coqueret. Il ira ainsi grossir le nombre de ces fils de famille qui, envoyés par leurs parents à l'université pour étudier le droit, se tournent vers les études humanistes dès que la surveillance paternelle se relâche.

LE TRANSFERT
DE LA GLOIRE

La troisième génération récolte ainsi ce que la première avait semé. Ce qu'elle avait hérité de plus précieux des deux générations précédentes, ce n'était pas seulement le goût des arts et de la poésie, mais le sentiment que les valeurs culturelles font partie du prestige social. Les derniers arrivés iront à peine plus loin en affirmant qu'un gentilhomme peut honorer son nom et acquérir autant de gloire au service des Muses qu'à la tête d'une armée. Reconvertir une noblesse de type terrien et militaire en une classe économique et administrative était plus ardu que ne le croyaient les contemporains de Louis de Ronsard, alors que transférer d'un objet à un autre l'idéal de gloire et d'héroïsme courtois qui avait été pendant des siècles l'éthique essentielle de la noblesse d'épée paraissait presque plus facile. Pierre de Ronsard le sent, et il saisit toutes les occasions de rappeler au lecteur cette nouvelle extension de l'idéal nobiliaire. Fait-il l'épitaphe de Philippe de Commynes ? Il montre en lui l'ancêtre des gentilshommes de lettres :

> [...] le premier gentilhomme
> Qui d'un cœur vertueux fist à la France voir
> Que c'est honneur de joindre aux armes le sçavoir.

Envoie-t-il un poème à l'architecte Pierre Lescot ? Il n'oublie pas de le féliciter d'avoir inscrit sa vocation dans la lignée d'une famille noble. Ces précédents le justifient. Il n'est pas le seul à avoir renoncé aux carrières d'État et aux armes pour honorer son nom par les exploits de son esprit, comme ses ancêtres l'avaient fait par leurs beaux coups :

LE TRANSFERT
DE LA GLOIRE

Puisque Dieu ne m'a fait pour supporter les armes,
Et mourir tout sanglant au milieu des alarmes
En imitant les faits de mes premiers ayeux,
Si ne veux-je pourtant demeurer ocieux ;
Ains, comme je pourray, je veux laisser mémoire
Que j'allay sur Parnasse acquérir de la gloire,
Afin que mon renom, des siècles non veincu,
Rechante à mes neveux qu'autrefois j'ay vescu
Caressé d'Apollon et des Muses aimées,
Que j'ay plus que ma vie en mon âge estimées.

Cette gloire, si fièrement revendiquée, n'est d'ailleurs pas la renommée qui va de bouche en bouche, ne nous y trompons pas. Elle n'a rien de commun avec la

■ Ce portrait de Ronsard figure dans la première édition des *Amours* (1552), qui apporte à Ronsard la consécration. Paris, Bibl. nat.

« faveur du peuple ». Seuls comptent les suffrages de ceux qui ont qualité pour juger, ce qui, pour un novateur littéraire, exclut le grand nombre, nécessairement conservateur dans ses goûts et mal disposé pour ceux qui dérangent ses habitudes d'esprit. Ronsard, à la fin de son *Art poétique*, dit qu'il vaut mieux « servir à la vérité qu'à l'opinion du peuple, qui ne veut sçavoir sinon ce qu'il voit devant ses yeux et, croyant à crédit, pense que noz devanciers estoyent plus sages que nous, et qu'il les faut totalement suivre, sans rien inventer de nouveau. En cecy faisant grand tort à la bonne Nature, laquelle ils pensent pour le jourd'huy estre brehaigne et infertile en bons esprits, et que dès le commencement elle a respandu toutes ses vertus sur les premiers hommes, sans avoir rien retenu en espargne pour donner comme mère tres-liberale à ses enfans qui devoyent naistre au monde par le cours de tant de siecles avenir ».

Dans cette catégorie du « populaire », il ne fait pas entrer seulement les incultes, mais aussi tous les « célébrés ignorants » qui hantent les cours, ainsi que les « grimmaux » et les « poetastes ». Les grands électeurs de la gloire sont donc en nombre infime. Leur puissance est dans leur dispersion, car on les trouve aussi bien à Louvain, à Oxford, à Francfort, à Salamanque, à Lyon ou à Bologne qu'à Paris. Par les voyages, par les académies, par la correspondance, ils se connaissent presque tous, et ensemble ils forment cette République des lettres qui plane au-dessus des royaumes, dont les décrets régissent les réputations dans l'Europe de la Renaissance, et qui ne craint pas d'étendre sa juridiction jusqu'au futur. Elle a rétabli le contact, au-delà des siècles, avec une Antiquité engloutie, et confère l'immortalité. Elle analyse les secrets qui ont permis à Homère et à Virgile de survivre aux millénaires, elle a entendu la voix des siècles, et alors que le vulgaire est incapable de comprendre le sens éternel d'un livre, elle peut situer d'avance le jugement de l'avenir. Le poète du Moyen Âge n'écrivait que pour ses contemporains ;

LE TRANSFERT
DE LA GLOIRE

pour le poète humaniste, il y a un *avant* et un *après*. Les limites de règnes et d'âges craquent sous la poussée du monde nouveau, comme les frontières de la géographie que l'humanisme a volatilisées. Dans le branle-bas des manifestes et des effusions lyriques, c'est bien une nouvelle organisation du temps et de l'histoire qui s'annonce.

Ainsi Ronsard part-il dans la carrière d'un pied allègre, avec la certitude de l'immortalité. Mieux encore : il est sûr d'entraîner avec lui les princes qu'il a bien voulu toucher de sa baguette. Une génération plus tôt, Guillaume Budé s'était déjà permis d'inverser les rapports entre rois et poètes en déclarant que les premiers, devant leur survie aux seconds, étaient leurs obligés. La leçon du prince des humanistes n'a pas été perdue. Dès sa deuxième ode, Ronsard félicite Henri II de l'avoir, lui, pour chantre, et dans l'ode à Bertrand Bergier il déclare :

> Je suis le trafiqueur des Muses
> Et de leurs biens, maistres du temps
> [...]
> Sans plus, libéral je le donne
> À qui me plaist de mes amis.

Quand il écrit ces lignes, il en est à son premier livre et n'a que vingt-cinq ans. Peu importe ! Il est sûr de son fait. On n'a longtemps voulu voir que jactance de godelureau dans ces affirmations, sans se demander si elles ne correspondaient pas à un état de fait. On a oublié que, dépourvues des moyens de diffusion dont disposent les États modernes, les monarchies de la Renaissance avaient dans les artistes et les poètes leurs plus efficaces propagandistes. L'artisan qui répandait par centaines d'exemplaires, en province et à l'étranger, des gravures sur les fastes de Fontainebleau, pouvait faire plus pour le prestige des Valois que le plus brillant ambassadeur, et pour peu qu'on mesure la puissance cosmopolite et ramifiée des milieux humanistes – généralement situés très près des cours – on conviendra que les poèmes à Henri II, assurés de faire le tour de

■ Palais du Louvre. Détail de la façade Henri II. *Renommée sonnant de la trompette*, par Jean Goujon (après 1549). Ronsard dédia quelques sonnets à Pierre Lescot qui fit exécuter cette sculpture ; le poète la considéra comme une illustration de ses propres vers à la gloire d'Henri II.

l'Europe, avaient une portée que nous imaginons difficilement aujourd'hui. Les souverains n'étaient pas les derniers à comprendre quel ferment recelait la République des lettres. Pierre Lescot le savait, qui fit sculpter sur un fronton du Louvre une Renommée sonnant de la trompette pour figurer la force des vers de Ronsard à la gloire de son roi, « Qui comme vent portoyent son nom par l'Univers ».

LE TRANSFERT
DE LA GLOIRE

LE TRANSFERT
DE LA GLOIRE

Treize ans après la publication des *Odes*, le même Ronsard, s'adressant à la reine régente, se lamente sur le spectacle des tombes royales à Saint-Denis – tant de puissants monarques maintenant allongés « comme bûches de bois » – et il n'oublie pas de remarquer que sur le nombre seuls deux ou trois ont une vie posthume dans l'imagination des vivants : ce sont les rois qui ont su s'attacher des écrivains. Les hommes et les événements se succèdent et sombrent si vite dans l'oubli qu'on pourrait se dire : à quoi bon ! Mais la République des lettres est là pour sauver ses élus du désastre. L'écrivain moderne fait les rois, comme le poète antique faisait les dieux et les déesses :

> Cérès n'a pas esté Deesse renommée
> Pour avoir de son bled nostre terre semée,
> Ny Pallas pour avoir monstré l'art de filer,
> Escarder les toisons, ou l'huile distiler :
> Les livres seulement, de mortelles Princesses,
> Et non pas leurs mestiers, les ont faites Déesses.

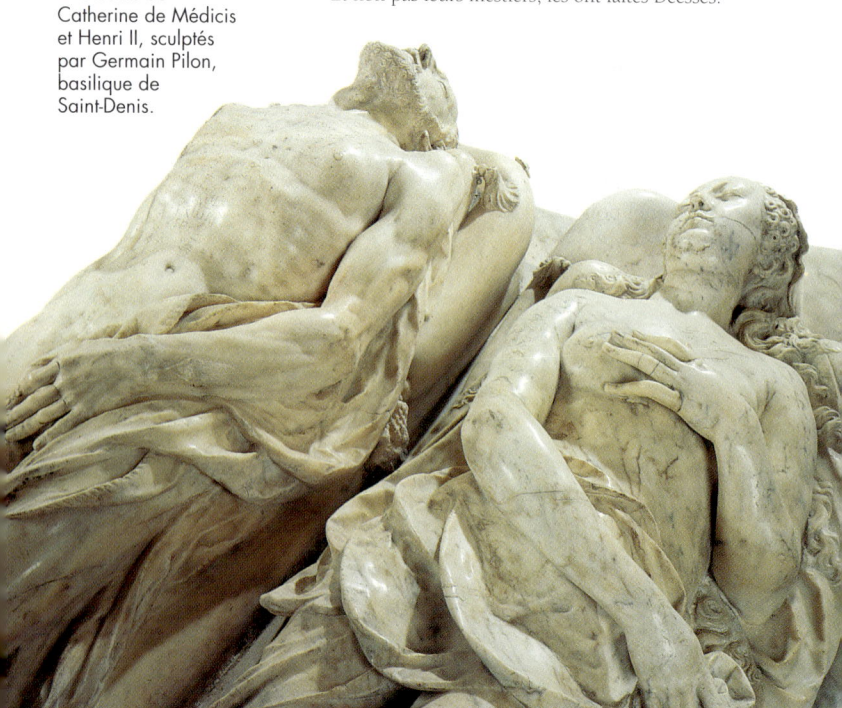

■ Gisants de Catherine de Médicis et Henri II, sculptés par Germain Pilon, basilique de Saint-Denis.

On voit affleurer dans ces vers une conception du monde dont on perçoit tout de suite les composantes baroques. La réalité historique devient une matière évanescente dont nous n'apercevons que l'écume, mais sur laquelle on peut agir dans la mesure où l'on a compris que l'imagination mène les hommes et qu'en agissant sur elle on agit sur les peuples. Le *poeta vates* est le démiurge de cet univers de miroirs, il divinise les vivants, il ressuscite les morts, car il a dans la main

> Le luth d'Apollon qui enchante
> L'Enfer au silence endormy.

Personnage héroïque, il mène son combat à la manière de Thésée ou d'Hercule, et l'un des aînés de Ronsard, Peletier du Mans, dans son *Art poétique*, en fait un athlète dont la « vertu », comme celle du héros antique, ne cesse de se fortifier dans la compétition et les épreuves, car « il se présente pour la plus spectable personne du théâtre, et ce théâtre est l'Univers ».

C'est devant ce décor, dont les premières draperies avaient été posées par la génération précédente, que Ronsard fait son entrée en scène. Son rôle est préparé. Il sait ce qu'on attend d'un poète humaniste, et jusqu'au bout il jouera le jeu. Mais il apportera dans le théâtre de l'héroïsme baroque un style de vie et un langage dont nous verrons à quel point ils lui sont personnels.

LE TRANSFERT DE LA GLOIRE

LE NOVICIAT HUMANISTE

Alors que Pierre de Ronsard va rejoindre Antoine de Baïf au collège Coqueret, l'université de Paris est, depuis deux cents ans déjà, une fédération de collèges universitaires. Les vieilles institutions médiévales sont toujours là, mais elles se sont vidées de leur substance et ne survivent qu'en se momifiant. Il y a toujours des facultés, des doyens et des procurateurs, mais le gouvernement de l'université et l'activité réelle sont dans les mains des grands collèges, qui organisent l'enseignement dans leur enceinte, reçoivent des dons et legs, et contrôlent la situation. Le temps n'est plus où les salles de la rue Fouarre abritaient les maîtres de la philosophie européenne : dès le début du XVIe siècle, elles sont réduites au rôle de salles d'examen, et Pierre Ramus, qui a vu disparaître le « dernier lecteur public en philosophie », constate dans ses *Advertissements sur la réformation de l'Université de Paris* que l'enseignement de la philosophie « se fait aujourd'hui en privé par chacun des collèges ». Quant aux titulaires des chaires, ils se contentent de figurer aux actes publics et aux examens. Les collèges ont tué les facultés.

Cette transformation radicale des structures n'est d'ailleurs pas l'œuvre de la Renaissance : elle est le résultat d'une longue évolution qui commence à la fin du XIIIe siècle et, après un départ assez lent, s'accentue à partir du XIVe siècle et atteint son point culminant au XVIe, aussi bien à Paris qu'à Oxford, en Allemagne et en

■ *Les Figures et Portraits des sept âges de l'homme. L'adolescence* (détail). Paris, Bibl. nat. Au moment où Ronsard entreprend ses études, le pouvoir des vieilles universités recule devant celui des collèges qui seront le foyer des idées humanistes.

LE NOVICIAT
HUMANISTE

Espagne. À la fin du règne de Louis XI, du Boulay compte à Paris dix-huit *collegia magna* et quatre-vingts petits collèges. Le régime collégial est alors en plein développement, et les hommes de la Renaissance trouveront dans cette institution à foyers multiples l'instrument le mieux adapté à la diffusion des idées nouvelles.

L'esprit de la vieille université est encore bien loin d'être mort. Ses suppôts ont encore les leviers de commande, et la faculté de théologie, de son côté, jette de temps à autre un œil inquiet sur les philologues qui pourraient bien appliquer leur connaissance du grec à la critique des textes sacrés. Entre les deux factions se nouent des alliances périodiques, car chacune a ses raisons de conserver à tout prix le *statu quo*. Mais s'il était relativement facile d'avoir barre sur un enseignement doctoral donné en faculté, comment contrôler cet ensemble de travaux pratiques, de causeries, d'*a parte*, de dialogues, de conversations, qui était la vie quotidienne d'une communauté collégiale ? Devant un travail d'infiltration bien mené, auquel le régime collégial se prêtait si bien, les forces de l'ordre établi se trouvaient sans recours. Le précieux témoignage que nous a laissé Ramus dans ses *Advertissements sur la réformation de l'Université de Paris* nous permet de nous en rendre compte.

Le jeune régent tout fraîchement nommé dans un collège ne peut tout réformer : il se trouve devant un cadre fixe, un règlement précis, un horaire immuable et deux types de disciplines – la lecture *ex cathedra*, qui est un commentaire de textes, et les « disputations » organisées par le maître entre les étudiants. Rien ne sera changé à l'horaire, mais au *De triompho ecclesiae* de Jean de Garlande, au *Doctrinale* de Gallus ou aux *Distica de moribus* – livres traditionnellement étudiés à la fin du Moyen Âge – on substituera un traité de Cicéron ou de Sénèque, un chant de Lucrèce ou de Virgile. Il ne s'agit pas seulement de remplacer du latin médiéval par du latin classique, mais des œuvres philosophiques et morales par des œuvres d'orateurs, d'historiens et de poètes, ce qui change le caractère de la « lecture » et oriente naturellement le professeur vers le commentaire esthétique. En même temps, on remplace les exercices oraux de la disputation par des exercices écrits, l'« écriture continuelle » de compositions imitées des Anciens étant le fondement même de l'enseignement nouveau. « Les grammairiens et les rhétoriciens [ajoute Ramus], ayant chassé des escoles la sotte barbarie de telle manière de gens, et recevant des poètes, historiens et orateurs, ils ont appris qu'il n'y avait meilleur maistre de bien dire que le stile mesme, qui s'acquiert par la lecture et imitation des autheurs de marque. »

LE NOVICIAT HUMANISTE

C'est cet esthétisme, si étranger à l'esprit des disputations médiévales, qui oppose les nouveaux venus aux professeurs de vieille souche. Les collègues de Ramus ne manquaient pas de railler son goût pour les « auteurs de marque » et la flamme avec laquelle il lisait et commentait poètes et orateurs. Contre ces frivolités de dilettantes – rendues déjà suspectes par l'intérêt que leur portaient le roi et les beaux esprits de la cour – ils défendaient âprement les anciennes méthodes, les traités didactiques, les disciplines austères et la vertu formatrice des disputations. Contre ce qu'ils croyaient être des infiltrations de snobisme italien, ils défendaient le sérieux universitaire.

Vers le milieu du siècle, les résistances de la vieille université durent encore, mais elles n'ont plus d'échos. Les humanistes ont gagné la partie. Ils ont pu multiplier leurs disciples, grâce au régime collégial, qui rapprochait les maîtres des élèves et donnait au système d'enseignement une souplesse que les facultés n'avaient jamais connue. À la troisième génération, les disciples sont partout. Au collège du cardinal Lemoine, Lefèvre d'Étaples a formé les chefs de file de l'humanisme allemand ; au collège Sainte-Barbe, Guillaume Postel a fait de même pour l'humanisme portugais ; à Paris même, au moment où Ronsard s'y installe, on retrouve Peletier du Mans à la tête du collège de Bayeux ; Muret, puis Galland au collège Boncour où Jodelle achève ses études ; et surtout Daurat trônant dans le minuscule collège Coqueret, l'un des plus récents, petit et si peu voyant qu'il a disparu sans laisser de traces

LE NOVICIAT HUMANISTE dans les archives de l'Université. Sa gloire occupe dans le temps une place tout aussi limitée : elle est réduite au règne de Daurat. Avant et après lui, c'est l'obscurité. Encore faut-il ajouter que Daurat, pendant sa royauté trop éphémère, n'a joui que d'un statut qui comportait quelques ambiguïtés.

Comme la plupart des collèges récents, le Coqueret est un collège payant dont le local est un bien privé qui se transmet comme une maison ou un fonds de commerce, par succession ou par achat. Nicolas Coqueret, son fondateur, l'a revendu avant sa mort à un certain Simon Dugast qui, à son tour, le lègue à son neveu Robert. C'est ici que les choses se gâtent car, si l'immeuble appartient à son propriétaire, le principal, même propriétaire, relève du contrôle de l'université. Or, ce Robert Dugast semble s'être comporté fort mal avec ses collaborateurs les régents : ils en appellent à l'arbitrage de l'Université, qui leur donne raison.

Robert Dugast, l'*avarissima harpya* du Coqueret, est donc cassé en 1547, et déclaré déchu des privilèges académiques comme violateur des statuts de l'Université. C'est alors qu'on nomme à sa place Daurat qui, semble-t-il, y enseignait déjà depuis deux ou trois ans. Mais Dugast reste propriétaire de son immeuble, il attend que le scandale soit oublié et que Daurat ait redonné de l'ordre et du lustre au collège, pour profiter de l'accalmie. Il écarte Daurat et reprend son poste en octobre 1551, mais ne tarde pas à être de nouveau suspendu de ses fonctions en avril 1552.

La royauté de Daurat a donc été éphémère et précaire. On n'en est que plus étonné de l'éclat qu'il réussit à donner au Coqueret avec si peu de temps et de moyens. À peine est-il installé dans la petite maison de la montagne Sainte-Geneviève que les disciples accourent : son ancien élève, Antoine de Baïf, suivi de Pierre de Ronsard, puis de Joachim Du Bellay, Bergier de Montembeuf, Nicolas Denisot, Abel de La Hurtelaire, René d'Urvoy. On sait qu'il est le meilleur helléniste de Paris. Henri Estienne et Denis Lambin lui reconnaissent une

LE NOVICIAT
HUMANISTE

intuition d'érudit tellement sûre qu'elle lui permet de relever les erreurs de copistes et de restituer l'intégrité des textes « comme s'il avait été le contemporain des écrivains antiques ». Est-ce nonchalance, amour de l'enseignement pour lui-même, ou coquetterie de poète ? Daurat ne se souciera jamais de publier ses travaux. Il ne laissera à la postérité que des vers latins et sa renommée de professeur illustre.

Sur son talent pédagogique, ses élèves ont tout dit. Ils ont décrit l'audacieux philologue qui, pour entraîner ses disciples à la lecture courante des poètes, ne craignait pas d'attaquer les auteurs les plus difficiles en montrant, par l'exemple, comment cerner les inconnues d'un texte. On aimerait en savoir plus sur les conseils que cet érudit

■ Une page de l'*Abrégé de l'art poétique français* (1565), avec des annotations de la main de Ronsard. Paris, Bibl. nat. Ce livre, qui s'adresse au fils d'un gentilhomme florentin, se présente comme un recueil de conseils à l'usage d'un jeune poète. Ronsard y insiste sur l'aspect artisanal de son métier et sur ses contraintes techniques.

LE NOVICIAT
HUMANISTE

et poète latin avait pu donner à des jeunes gens voués à la poésie française. Faute de renseignements plus directs, il n'est cependant pas impossible de trouver quelques points de repère, car, à la même époque, un très grand humaniste qui enseignait dans un collège voisin, Pierre Ramus, nous a laissé dans différents traités, et plus particulièrement dans son *Ciceronianus*, des indications assez précises sur sa pédagogie. Il ouvre aux étudiants trois voies :

1. La pratique et l'imitation des Anciens, qui n'exclut pas un certain sens critique à leur égard. 2. L'étude – et non l'imitation – des modèles français. 3. L'exemple de la parole vivante.

Une lecture attentive des préfaces de Ronsard permettrait de nombreux recoupements, même sur le troisième point.

Dès son *Suradvertissement au lecteur* de 1560, l'auteur des *Odes* justifiait l'emploi de mots empruntés aux dialectes provinciaux par l'exemple des Grecs, et il recommandait l'usage de termes techniques de métiers, en même temps qu'il mettait en garde contre le langage de la cour, dans son *Art poétique* de 1565.

Ce qui compte, plus encore que la méthode ou les idées de Daurat, c'est l'esprit dans lequel il les appliquait. À une époque où le culte des Anciens risque de stériliser les créateurs, il fait en sorte que l'admiration devienne un stimulant, et non un poids. Loin de voir dans les lettres grecques un miracle sans lendemain, un Panthéon de modèles figés, il sait faire vivre ses garçons dans une familiarité de tous les instants avec les grands ancêtres qu'il mêle aux actes de la vie quotidienne ; il nourrit leur enthousiasme en les persuadant qu'il ne tient qu'à eux de prouver au monde que des Français peuvent, en retrouvant quelques secrets perdus, faire aussi bien ou mieux que les Grecs.

Il ne se contente pas de les encourager du geste : il prêche d'exemple. Il a écrit en latin des odes pindariques – et peut-être a-t-il connu les tentatives d'un des disciples de Bembo, Benedetto Lampidio de Crémone, qui avait publié chez un éditeur de Ferrare les *Amalthei carmina*. Il n'en est pas moins le premier Français à avoir tenu la gageure. Grâce à lui, Ronsard avait son chemin tracé. Dès la mort de son père, il s'installe au collège Coqueret pour suivre un maître qui faisait de ses étudiants sa compagnie de prédilection, les confidents de ses fantaisies poétiques, les compagnons de ses divertissements et de son travail.

Il faut relire tout au long *Le Folâtrissime voyage d'Arcueil*, le plus rafraîchissant des poèmes de jeunesse, destiné, semble-t-il, à être fredonné et accompagné à la guitare. Pierre de Ronsard y montre la joyeuse bande de Coqueret allant avec Daurat faire un repas sur l'herbe à Arcueil, s'installer près de la fontaine pour y mettre au frais les bouteilles et, après avoir mangé, largement bu, nagé, batifolé et plaisanté, faire cercle autour du maître pour l'entendre déclamer la dernière ode de sa composition :

> Debout ! j'entends la brigade,
> J'ois l'aubade
> De nos amis enjoués,
> Qui pour nous éveiller sonnent
> Et entonnent
> Leurs chalumeaux enroués.
>
> J'entr'ois déjà la guiterre,
> J'ois la terre
> Qui tressaute sous leurs pas :
> J'entends la libre cadence
> De leur danse,
> Qui trépigne sans compas.
>
> Corydon, ouvre la porte ;
> Qu'on leur porte,
> Dès la pointe du matin,
> Jambons, pâtés et saucisses,
> Sacrifices
> Qu'on doit immoler au vin.
>
> Dieu gard' la savante trope :
> Calliope
> Honore votre renom,
> Bellay, Baïf, et encores
> Toi qui dores
> La France en l'or de ton nom.

LE NOVICIAT HUMANISTE

Le long des ondes sacrées,
    Par les prées,
Couronnés de saules verts,
Au son des ondes jasardes,
    Trépillardes,
À l'envi ferez des vers.

Moi, petit, dont la pensée
    N'est haussée
Du désir d'un vol si haut,
Qui ne permet que mon âme
    Se renflamme
De l'ardeur d'un feu si chaud,

En lieu de telles merveilles,
    Deux bouteilles
Je prendrai sur mes rognons,
Et ce hanap à double anse,
    Dont la panse
Sert d'oracle aux compagnons.

Voyez Urvoy qui enserre
    De lierre
Son flacon plein de vin blanc,
Et le portant sur l'épaule,
    D'une gaule
Lui pendille jusqu'au flanc !

À voir de celui la mine
    Qui chemine
Seul parlant à basse voix,
Et à voir aussi la moue
    De sa joue,
C'est le comte d'Alsinois.

[...]

Iô ! Iô ! troupe chère
    Quelle chère
Ce jour ameine pour nous !
Partons donc, or' que l'aurore
    Est encore
Dans les bras de son époux.

[...]

Iô ! que je vois de roses
    Jà décloses
Par l'Orient flamboyant :

À voir des nues diverses
    Les traverses,
Voici le jour ondoyant.

Voici l'aube safranée,
    Qui jà née,
Couvre d'œillets et de fleurs
Le ciel qui le jour desserre,
    Et la terre
De rosées et de pleurs.

[...]

Chacun ait la main armée
    De ramée,
Chacun d'une gaie voix
Assourdisse les campagnes,
    Les montagnes,
Les eaux, les prés et les bois.

Jà la cuisine allumée,
    Sa fumée
Fait tressauter jusqu'aux cieux,
Et jà les tables dressées
    Sont pressées
De repas délicieux.

LE NOVICIAT
HUMANISTE

■ *Allégorie de l'Amour*, peinture sur bois, XVIe siècle, château de Blois. L'amour restera un thème fondamental de la poésie ronsardienne jusqu'à la fin.

LE NOVICIAT
HUMANISTE

Cela vraiment nous invite
    D'aller vite
Pour apaiser un petit
La furie véhémente
    Qui tourmente
Notre aboyant appétit.

Dessus nous pleuve une nue
    D'eau menue
Pleine de lis et de fleurs ;
Qu'un lit de roses on fasse,
    Par la place,
Bigarré de cent couleurs.

[…]

D'autre côté n'oyez-vous
De Daurat la voix sucrée
    Qui recrée
Tout le ciel d'un chant si doux ?

Iõ ! Iõ ! qu'on s'avance !
    Il commence
Encore à former ses chants,
Célébrant en voix romaine
    La fontaine
Et tous les dieux de ces champs.

Prêtons donc à ces merveilles
    Nos oreilles :
L'enthousiasme Limosin
Ne lui permet rien de dire
    Sur sa lyre
Qui ne soit divin, divin.

Iõ ! Iõ ! quel doux style
    Se distille
Parmi ses nombres divers ;
Nul miel tant ne me recrée
    Que m'agrée
Le doux Nectar de ses vers.

Quand je l'entends, il me semble,
    Que l'on m'emble
Tout l'esprit ravi soudain,
Et que loin du peuple j'erre
    Sous la terre
Avec l'âme du Thébain,

Avecque l'âme d'Horace :
	Telle grâce
Remplit sa bouche de miel,
De miel sa Muse divine,
	Vraiment dine
D'être Sereine du Ciel.

Ah Vesper ! brunette étoile,
	Dont le voile
Noircit du ciel le coupeau,
Ne veuille si tôt paraître,
	Menant paître
Par les ombres ton troupeau.

Arrête, noire courrière,
	Ta lumière,
Pour ouïr plus longuement
La douceur de sa parole,
	Qui m'affole,
D'un si gai chatouillement.

Quoi ! des Astres la bergère,
	Trop légère,
Tu reviens faire ton tour ?
Devant l'heure tu flamboies,
	En envoies
Sous les ondes notre jour.

Va, va, jalouse, chemine,
	Tu n'es dine,
Ni tes étoiles d'ouïr
Une chanson si parfaite,
	Qui n'est faite
Que pour l'homme réjouir.

Donque, puisque la nuit sombre,
	Pleine d'ombre,
Vient les montagnes saisir,
Retournons, troupe gentille,
	Dans la ville,
Demi-soûlez de plaisir !

Jamais l'homme, avant qu'il meure,
	Ne demeure
Bien heureux parfaitement ;
Toujours avec la liesse,
	La tristesse
Se mêle secrètement.

LE NOVICIAT HUMANISTE

LE NOVICIAT HUMANISTE

Rien ne pouvait mieux que cette étincelante cascade d'anecdotes, de canulars étudiants et de saillies poétiques, ressusciter l'atmosphère de la communauté studieuse et joyeuse qui a tenu lieu à Ronsard de noviciat humaniste.

Professeur, poète et presque prophète, arbitre de la vie littéraire, Daurat connaît une célébrité qui dépasse les limites du collège. On s'arrache ses préfaces, quelques vers latins de lui sont le préalable indispensable au lancement d'une publication poétique, et parmi ceux qui cherchent sa compagnie et sa conversation, il n'y a pas seulement des étudiants, jeunes et vieux, mais des érudits déjà considérés comme des maîtres, des évêques, des conseillers au Parlement, des hommes de cour. Ce rayonnement extra-universitaire s'est traduit par une initiative, rapportée sans détails par Binet et généralement mal comprise par les historiens de la littérature : l'établissement d'une « académie » au collège Coqueret. Que faut-il entendre par là ? Chamard y voit un cours public, Laumonier une sorte de séminaire d'études supérieures de grec ; il suffit de formuler ces explications pour voir ce qu'elles contiennent de projection sur le passé d'institutions contemporaines, et de méconnaissance de ce qu'on entendait par académie dans la France et l'Italie du XVIe siècle.

Maintenant que le monumental ouvrage de Miss Frances Yates sur les académies du XVIe siècle permet d'avoir une vue d'ensemble sur ce sujet, on peut difficilement contester que les académies se distinguent de l'enseignement traditionnel par leurs ambitions encyclopédiques et une recherche de synthèse entre les connaissances philosophiques, religieuses, littéraires et philologiques. C'est encore une fois confondre l'activité de l'académie avec celle du collège que de limiter au grec sa ligne d'intérêt. On se rapprocherait beaucoup plus de la vérité en prenant pour point de repère les *Solitaires* et les *Curieux* de Pontus de Tyard, et surtout les *Dialogues* de Guy de Bruès, qui mettent en scène Ronsard et Baïf. De quoi fait-on parler nos deux poètes ? Du système de Copernic, des astres, de la pluralité des mondes habités. Et de citer à l'appui de leurs thèses Albert le Grand, Guillaume d'Ockham, Oronce Finé, Platon, Ramus et Marsile Ficin. Guy de Bruès ayant publié son livre en 1557, quelques années seulement après la dispersion de la bande du Coqueret, pouvait difficilement inventer des propos qui sont par ailleurs recoupés par certains textes de Ronsard tels que *Le Panégyrique de la Renommée*, *Les Démons*, *L'Hymne des étoiles* ou *Les paroles que dit Merlin*.

LE NOVICIAT
HUMANISTE

Écoutons Ronsard, dans le premier de ces poèmes, définir le cycle des connaissances dont le jeune Henri III devra faire le tour pour devenir un homme cultivé :

> Il a voulu sçavoir ce que peult la Nature,
> Et de quel pas marchoit la premiere closture
> Du Ciel, qui tournoyant se ressuit en son cours,
> Et du Soleil qui faict le sien tout au rebours.
> Il a voulu sçavoir des Planettes les dances,
> Tours, aspects et vertus, demeures et distances ;
> Il a voulu sçavoir les cornes du Croissant
> Comme d'un feu bastard il se va remplissant,
> Second Endymion amoureux de la Lune.
> Il a voulu sçavoir que c'estoit que Fortune,
> Que c'estoit que Destin, et si les actions
> Des Astres commandoient à nos complexions.
> Puis, descendant plus bas sous le second estage,
> Il a cogneu du Feu la nature volage,
> Il a pratiqué l'Air, combien il est subtil
> [...]
> Il a cogneu la Foudre et ses fleches errantes
> D'un grand bruit par la vague, et si le soleil peint
> [...]
> L'Arc au ciel en substance, ou s'il apparoist feint
> Puis, d'un si haut travail se voulant delasser,
> Et d'un brave Laurier son sceptre entrelasser,
> Prenant le Lut en main, que dextrement il guide,
> Se va seul soulager en l'antre Pieride.

Dans ces beaux alexandrins austères et denses où passe un écho de la voix de Lucrèce, on retrouve un *cursus studiorum* à peu près complet, qui va de la « philosophie naturelle » à la « philosophie morale » et aux lettres. C'est sur des thèmes très voisins que les Muret, les Carnavalet, les Lancelot Carle venaient sans doute

LE NOVICIAT
HUMANISTE

discuter avec Daurat, les jours d'académie, pour étudier les problèmes que posaient aux contemporains d'Érasme et de Kepler les transformations du savoir. On ne saurait exagérer l'influence de ces ouvertures encyclopédiques sur la formation du jeune poète.

L'étendue des connaissances de Daurat était d'ailleurs un objet d'étonnement, même pour des hommes de la Renaissance. Il a réfléchi avant Baïf aux problèmes de l'association de la musique et de la poésie, rédigé des préfaces pour le recueil des *Sonnets de Pierre de Ronsard mis en musique en IIII parties*, aussi bien que pour les publications savantes de Scaliger ; il a composé un poème sur un tableau de Lucas de Leyde et ne dédaigna pas de s'occuper de mise en scène de ballets. À la fin du sonnet dédié à son maître, Ronsard imagine que l'âme de Daurat après sa mort ne pourrait se réincarner dans un seul être – si riche est sa personnalité qu'elle ne pourrait se sentir à l'aise que dans un corps composite :

> Si tu n'es transformé tout entier en quelqu'un
> Tu vêtiras un corps à cinq autres communs,
> Et seras composé de tous les cinq ensemble
> Car un seul pour d'Aurat suffisant ne me semble :
> Et d'homme seras fait un beau monstre nouveau
> De voix, cygne, cigale, et d'avette et d'oiseau.

■ Ronsard ;
Jean Antoine de Baïf (1532-1589), condisciple de Ronsard, poète multiforme et théoricien hardi, préconisa notamment l'adoption d'une orthographe phonétique et d'une prosodie imitée de l'antique : « J'auray toujours un Baïf dans le cœur », devait écrire Ronsard. Paris, Bibl. nat.

Philologue et poète, essayiste et musicien, critique d'art et pédagogue, Daurat réalise dans sa personne cette synthèse des arts que les hommes de la Renaissance avaient toujours cherchée. Mais cette fleur de l'enseignement humaniste n'aurait pu s'épanouir ailleurs que dans un cadre collégial. Rien de pareil n'aurait pu sortir des leçons doctorales de la vieille rue Fouarre. Demi-retraite, vie commune jour après jour, émulation de groupe, esprit de corps, contagion de l'exemple, lent travail de fermentation des esprits, suscité et entretenu par un maître, contacts avec le public cultivé de Paris : autant de données positives qui ne pouvaient être réunies que là.

Les effets de ce noviciat se font sentir tout au long de la carrière de Ronsard. Des générations de commentateurs se sont plu à en effacer les traces, ou du moins à les minimiser pour rapprocher de nous l'œuvre du poète. Mais ces mutilations l'appauvrissent, la privent des résonances qui lui donnent sa grandeur et sa signification. Car Ronsard entend signifier. Il serait aussi vain de le méconnaître que de biffer d'un trait la théologie de Dante ou la philosophie naturelle de Lucrèce. Pour les hôtes du collège Coqueret, la poésie est moyen de connaissance autant que de jouissance. Daurat cherchait dans *L'Odyssée*, au-delà des mots et des vers, les grandes leçons morales et métaphysiques ouvertes par l'allégorie ; à la suite de son maître, Ronsard ne craint pas de recourir aux symboles, aux mots polyvalents, aux mythes, quitte à paraître obscur. Mais c'est cette complexité même qui le distinguera des vulgaires versificateurs, écrit-il dans la préface de *La Franciade* :

LE NOVICIAT HUMANISTE

> Il y a autant de différence entre un poète et un versificateur qu'entre un bidet et un généreux coursier de Naples, et pour mieux les accomparer, entre un vénérable prophète et un charlatan vendeur de triacles.

Prophète : le mot est prononcé. On le retrouvera souvent sous la plume de Ronsard ; gardons-nous d'y voir une amplification rhétorique. L'ancien élève du Coqueret n'a pas oublié la phrase de Platon sur les quatre fureurs, un des thèmes favoris de la littérature humaniste qu'il ressasse depuis sa première *Ode* jusqu'aux épîtres de vieillesse. C'est dans *La Lyre* qu'il indique ses sources avec le plus de netteté :

> Car comme dit le grand Platon, ce sage,
> Quatre fureurs brulent nostre courage :
> Bacchus, Amour, les Muses, Apollon,
> Qui dans nos cœurs laissent un aiguillon
> Comme freslons, et d'une ardeur secrète
> Font soudain l'homme et Poète et Prophète.

■ Jean Daurat (1508-1588), maître de Ronsard au collège Coqueret, « lui apprit, selon l'expression même du poète, la poésie » ; Rémi Belleau (1528-1577), poète, membre de la Pléiade. Sa traduction du poète grec Anacréon suscite l'admiration de Ronsard. Paris, Bibl. nat.

Il faudrait ajouter que, si Platon est bien présent, son interprète Marsile Ficin l'est plus encore. C'est au commentaire d'*Ion* par le grand érudit italien que les Français doivent d'avoir eu leur attention attirée sur ce dia-

LE NOVICIAT HUMANISTE

logue. Peu de livres transalpins ont eu plus de succès : depuis 1518, les traductions et adaptations se sont multipliées. La dernière en date avant les débuts de Ronsard est celle de Richard Le Blanc, en 1546, et l'un des membres de la Pléiade, Pontus de Tyard, publie la même année que l'*Ode à Michel de l'Hospital* son *Solitaire premier* qui suit les mêmes voies.

■ Giorgio Ghisi, *Apollon sur le Parnasse au milieu des Muses* (vers 1560, d'après Luca Penni). Apollon est ici entouré des neuf Muses et de deux poètes. Paris, Bibl. nat. Dans l'*Ode à Michel de l'Hospital* (1552), Ronsard évoque le mystère de l'inspiration poétique : Jupiter « ravit à lui » le pouvoir d'Apollon, le transmet aux Muses qui, à leur tour, en font don au poète. C'est pourquoi celui-ci ne peut contrôler son inspiration.

Ficin ne se contente pas d'exposer les thèses de Platon : en les commentant, il introduit des aménagements de son cru qui font de la théorie des fureurs une sorte de doctrine initiatique. Pour lui, Apollon, dont il fait l'âme du monde, procède de Jupiter, qui est le vouloir de Dieu ; d'Apollon procèdent les Muses, qui s'identifient avec les âmes des neuf sphères célestes, lesquelles

LE NOVICIAT HUMANISTE

LE NOVICIAT HUMANISTE communiquent leur fureur au poète, qui excite à son tour le lecteur. D'un bout à l'autre de la chaîne, il y a donc un circuit du divin, et si l'on se reporte à la tradition platonicienne qui identifie Apollon avec la fureur prophétique, on comprendra comment la différence entre inspiration poétique et inspiration prophétique devient indiscernable. Dans l'*Hymne de l'automne* Ronsard parle en ces termes du don de poésie :

> Que Dieu n'a concedé qu'à l'esprit agité
> Des poignans aiguillons de sa Divinité.
> Quand l'homme en est touché, il devient un Prophète,
> Il prédit toute chose avant qu'elle soit faite,
> Il cognoist la nature et les secrets des Cieux,
> Et d'un esprit bouillant s'eleve entre les Dieux.
> Il cognoist la vertu des herbes et des pierres,
> Il enferme les vents, il charme les tonnerres :
> Sciences que le peuple admire, et ne sçait pas
> Que Dieu les va donnant aux hommes d'ici-bas,
> Quand ils ont de l'humain les ames séparées,
> Et qu'à telle fureur elles sont préparées.

Cette combinaison de néoplatonisme italien, de magie blanche et d'ascétisme, jointe à l'aversion de l'initié pour le profane, peut sembler aberrante, mais on ne peut l'attribuer simplement à des réminiscences livresques. Trois générations après la Pléiade, Mersenne, un des hommes les plus avertis de son temps sur les problèmes scientifiques, croira encore littéralement aux pouvoirs magiques de la musique des Anciens, et le grand Descartes, qui en discutera avec lui dans sa correspondance, tentera de le détromper, mais en oubliant que dans ses traités de jeunesse, comme le *Compendium musicae*, il a fait lui-même d'étranges concessions à la magie. Ajoutons que, pour les humanistes de l'entourage de Ronsard, la notion de poète-prophète s'inscrit dans un plus vaste ensemble dont Pontus de Tyard donne un aperçu dans les *Solitaires*, qui ont vulgarisé quelques éléments essentiels de la doctrine de Marsile Ficin, Lefèvre d'Étaples et Pic de La Mirandole.

Dans le *Solitaire premier*, nous assistons à la déchéance de l'âme incarnée : tombée dans la matière, elle a perdu « l'unité tant estimée, qui la rendait cognoissante et jouis-

LE NOVICIAT HUMANISTE

Jacob de Backer
(1560-1591 ?),
Vénus et l'Amour.
Château d'Écouen.

Je suis Amour le grand
  maistre des Dieux,
Je suis celuy qui fait
  mouvoir les Cieux,
Je suis celuy qui
  gouverne le monde...
Rien de sçauroit à mon
  arc résister,
Rien ne pourroit mes
  fleches éviter,
Et enfant nud je fais
  tousjours la guerre,
Tout m'obeist...

sante du souverain Un qui est Dieu : tellement qu'en ceste division et separation de son unité, ses parties supérieures endormies et ensevelies en une lente paresse, cèdent l'entier gouvernement aux inférieures touchées sans cesse des perturbations ».

Cette descente des âmes se fait par quatre paliers successifs : elles vont du degré suprême, qui est l'entendement angélique, et donne l'accès direct aux « idées », à la Raison intellectuelle, qui permet de pénétrer l'ensemble des connaissances humaines ; de là elles tombent dans l'Opinion, qui ne peut donner que des aperçus

LE NOVICIAT HUMANISTE

fragmentaires et sans cohérence ; puis, dernier degré de la chute, dans la Nature, domaine des activités instinctives. Les stades antérieurs ne sont pas pour autant abolis : l'âme en conserve la mémoire. Aussi ne pourra-t-elle s'élever que par la « réminiscence », en passant « d'un profond et stupide oubli à un ressouvenir des choses célestes et divines ». C'est aux quatre fureurs qu'il appartiendra donc de promouvoir un mouvement ascensionnel vers les origines, mouvement qui permettra de refranchir les étapes en sens inverse. Au niveau de la Nature, la fureur poétique rétablit l'harmonie dans le chaos ; elle procède à la manière d'Orphée, charmant les tigres « par la diversité bien accordée des musiciens accords chassant la dissonante discorde, et enfin réduisant le desordre en certaine egalité bien et proportionnement mesurée et compartie par la gracieuse et grave facilité des vers compassez en curieuse observance des nombres et mesures ».

Au niveau supérieur, à la fureur des Muses succède la fureur de Bacchus, dieu des mystères et des initiations, qui révèle par fragments des vérités cachées et donne à l'âme l'impulsion qui lui permet d'aller du niveau de l'Opinion vers celui de la Raison intellectuelle, domaine d'Apollon. Cette raison n'a d'ailleurs que bien peu de choses en commun avec celle des philosophes : elle donne une sorte de vision panoramique des réalités présentes et futures, la fureur prophétique d'Apollon écarte « les discours de tant de ratiocinations intellectuelles », et finit par « réduire l'Entendement en union avec l'Âme » ; ce qui lui permet, arrivée à son comble, de céder la place à la quatrième fureur, celle de Vénus, qui restaure l'Entendement angélique, « chose que la grande et incomparable Venus accomplit par Amour, c'est-à-dire par un fervent et incomparable désir que l'âme ainsi eslevee ha de jouir de la divine et éternelle beauté ».

Dans cette combinaison complexe, mais extrêmement cohérente, des thèmes platoniciens, orphiques et chrétiens, Frances Yates a très justement discerné un courant mystique alimenté par les écrits du Pseudo-Denys l'Aréopagite. Il faudrait aller plus loin encore et situer le néoplatonisme chrétien à l'intérieur d'une mentalité religieuse qui fut celle de la première Renaissance, celle qui n'a pas connu la Réforme ni la Contre-Réforme, et qui a entrepris d'assimiler le néoplatonisme à la manière dont les théologiens du XIIIe siècle s'étaient nourris d'Aristote. Dans ce syncrétisme fervent et bigarré, la distinction entre nature et surnature reste intacte. Tout ce qui est relié à une impulsion divine, par le truchement des fureurs, est considéré comme d'essence supérieure, le « poète divin » supérieur au simple versificateur, amuseur sans prestige et « vendeur de triacles ». Les structures gothiques sont toujours là. À peine transposées, on les reconnaît malgré les ornements à l'italienne dont on les a pourvues.

C'est pour les avoir méconnues que Sainte-Beuve a dirigé des générations de commentateurs vers une fausse piste en prononçant le mot de pédantisme. Rien de commun entre l'attitude de Ronsard et celle d'un érudit de province qui étale ses sources. Les mythes de Ronsard ne sont pas décoratifs mais fonctionnels. Les références à la mythologie, aux mystères, au cosmos, à la prophétie, aux démons, à la musique unie à la poésie, à l'amour sacré lié à l'amour profane, sont inséparables d'un univers mental dans lequel la poésie, considérée comme moyen de connaissance, est solidaire d'un certain style de vie intérieure, d'une sagesse.

C'est dans ce cadre de pensée que va se mouvoir le prince des poètes de la Renaissance. Non qu'il le respecte intégralement, comme un philosophe saurait le faire. Mais qu'il s'y conforme ou qu'il rue dans les brancards, c'est toujours par rapport à lui qu'il se situe. Et nous pourrons voir maintenant dans quelles conditions va se faire le lent travail de son ajustement personnel aux données qui lui ont été fournies par son temps, par sa classe, et par la République des lettres.

La Résistance des Cœurs

Né pendant la première décennie du règne de François Ier, élevé en pleine Renaissance fraîche et joyeuse, Ronsard a trente-cinq ans lorsque la mort d'Henri II ouvre les écluses de la guerre civile. Il a quarante-huit ans à la Saint-Barthélemy. Il est trop tard pour se réadapter au sombre univers de la discorde. Le drame de sa vie, c'est le glissement continu de la France vers le chaos et les ténèbres qui remettent en question les valeurs de l'humanisme, la place même de l'humaniste dans la société. Quand il se retourne avec mélancolie vers les temps heureux du roi François, aux regrets de la jeunesse perdue s'ajoute celui des années d'euphorie où l'on croyait à l'avènement proche d'une société du bonheur humain et au retour à la grandeur antique.

Cette résistance de l'histoire, Ronsard commence à la sentir au moment même où il est aux prises avec la plus mortifiante et la plus irrémédiable des contraintes : celle du corps. Le beau jeune homme aimé des femmes dont Claude Binet et Du Perron vantent la séduction, la prestance et les exploits sportifs et équestres, se met à vieillir prématurément. Dès sa trentième année, il a la tête blanche et les joues sans couleur :

> [...] car mon teint et ma voix
> Et mon chef ja grison vous servent d'assurance
> Et mes yeux trop enflés et mon cœur plein d'émoy [...].

À trente-huit ans, il est déjà un vieillard édenté qui se plaint de mauvaises digestions, de mauvaise circulation,

■ École de Fontainebleau, seconde moitié du XVIe siècle, *La Femme entre les deux âges* (détail). Rennes, musée des Beaux-Arts.

Jamais à mon esprit
 de repos je ne baille
Et si ne puis Amour
 de mon cœur desloger :
Plus je suis en affaire
 et plus il me travaille.

LA RÉSISTANCE DES CŒURS

d'insomnies et d'accès de fièvre. À aucun moment il ne cherche à flatter l'autoportrait :

> Ma douce jouvence est passée,
> Ma première force est cassée,
> J'ay la dent noire et le chef blanc,
> Mes nerfs sont dissous, et mes veines,
> Tant j'ay le corps froid, ne sont pleines
> Que d'une eau rousse au lieu de sang.

Il ne se consolera jamais de la disparition de son trop court printemps. Il s'en consolera d'autant moins que, sa santé s'étant consolidée vers la quarantaine, il va conserver intacts ses besoins d'activité physique et d'amour. Maigre et nerveux, il ne peut tenir en place, et sa barbe grise ne l'a pas fait renoncer aux jeux d'antan. Il n'est pas, à la différence de Du Bellay, un rêveur lymphatique, et comme il l'explique à Marie, l'amour n'est pas chez lui une émanation vaporeuse de l'oisiveté :

> Amour, j'en suis tesmoin, ne naist d'oisiveté :
> S'il naissoit du loisir il ne fust plus mon maistre.
> Je cours, je vais, je viens, et si ne me depestre
> De son lien qui tient serve ma liberté.
>
> Je ne suis paresseux et ne l'ay point esté
> Tousjours la harquebuze, ou la paume champestre,
> Ou l'escrime qui rend une jeunesse adextre,
> Me retient en travail tout le jour arresté.
>
> Ore le chien couchant, les oiseaux et la chasse,
> Ore un ballon poussé sur une verte place,
> Ore nager, lutter, courir et voltiger,
>
> Jamais à mon esprit de repos je ne baille.
> Et si ne puis Amour de mon cœur desloger :
> Plus je suis en affaire et plus il me travaille.

Quand il avancera en âge, l'arthritisme et la goutte vont le priver de cet exutoire sportif, ce qui accentuera les traits d'insociabilité et d'irritabilité de son caractère, attribués aux influences saturniennes décelées par l'horoscope, à ce « Saturne ennemi » qui revient si souvent sous sa plume, et qui le rend

> [...] opiniastre, indiscret, fantastique,
> Farouche, soupçonneux, triste et mélancolique,
> Content et non content, mal propre et mal courtois [...].

Terrible vieillesse que celle de cet homme frustré, infirme, qui se croit maudit par les astres et assiste impuissant au naufrage de la France et de toutes les raisons de vivre de sa génération. Plus d'autre ressource que de s'enchanter soi-même. Il l'a senti d'instinct. La création littéraire sera pour lui mieux qu'un refuge : la revanche des rêves, une activité compensatrice grâce à laquelle il se dédouble, il regarde un autre lui-même esquisser les gestes de l'amour, organiser des architectures verbales situées en marge de sa vie, et qui n'exigent pas la même forme d'adhésion que l'événement quotidien.

Aussi ferait-on fausse route en allant chercher dans ses sonnets la clé de ses amours, méthode un peu naïve qui risque de manquer l'essentiel et de multiplier, par surcroît, les contresens biographiques. Ronsard a beau nommer Cassandre, Marie, Sinope, Hélène, les visages de ses bien-aimées restent singulièrement flous. Nous

LA RÉSISTANCE DES CŒURS

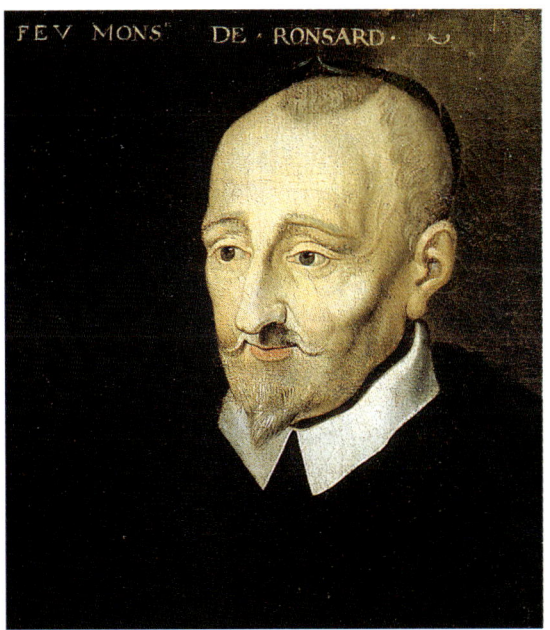

■ Portrait de Ronsard d'après le buste funéraire ornant le tombeau du poète au prieuré Saint-Cosme, près de Tours. Château de Blois. Ronsard fut un jeune homme séduisant ; mais hélas cette séduction fut de courte durée :

J'ai les yeux tout battus, la face toute palle,
Le chef grison et chauve, et si n'ai que trente ans.

LA RÉSISTANCE
DES CŒURS

voyons Hélène de Surgères un peu mieux que les autres, dans la mesure où les plaintes harmonieuses que le vieux troubadour adressait à une jeune et belle dame sans merci comportaient un minimum d'autocensure. Mais, même dans le recueil des *Sonnets pour Hélène*, il n'y a pas moins de vingt et une pièces déjà publiées dans *Les Amours diverses* et adressées à d'autres femmes, ce qui explique les protestations d'Hélène, auxquelles Ronsard coupe court dans la lettre de 1577 (*voir* p. 165) avec une désinvolture à peine croyable.

Pour Cassandre, nous sommes encore plus désarmés. La Cassandre du *Premier Livre des Amours* est tantôt brune, tantôt blonde, et les sonnets sont visiblement adressés à plusieurs destinataires, sans qu'une personnalité centrale en émerge, comme c'était le cas pour Hélène. Et on a beau gonfler démesurément l'importance de la rencontre avec Cassandre Salviati à Blois, suivie, moins d'un an plus tard, par son mariage avec le sieur de Pray, Cassandre n'est restée que quelques mois en scène, et la présence de son nom dans le recueil n'est qu'une référence aux conventions de l'amour courtois. Tout au plus peut-on invoquer la persistance d'une sorte d'aura sentimentale autour des souvenirs d'un premier flirt. Quant à Sinope, à qui sont dédiés les sonnets les plus chaudement sensuels que Ronsard ait jamais écrits, son fantôme se dérobe aux recherches, car le poète a su brouiller les pistes avec assez d'adresse pour rendre impossibles même les reconstitutions romancées auxquelles Cassandre et Hélène ont donné lieu.

Mais Marie, dira-t-on, la petite Marie de Bourgueil, la jeune paysanne élue dont nous croyons savoir le nom, la mort prématurée, n'est-elle pas plus proche de nous que les autres ? En lisant les *Amours de Marie*, ne la voyons-nous pas dans les prairies d'Anjou ? Ici encore la légende ne résiste pas aux contrôles. M. Desonay a très justement souligné que le thème de base, la fille de la campagne courtisée par un seigneur, est un des lieux communs de la littérature courtoise et que, par ailleurs, le cadre rus-

■ *Les Figures et Portraits des sept âges de l'homme, La vieillesse.* Paris, Bibl. nat. La vieillesse de Ronsard ne fut pas heureuse : il assista au naufrage des valeurs de sa génération et se réfugia dans la création poétique.

53

LA RÉSISTANCE
DES CŒURS

tique dont on a tant vanté la présence est totalement absent de soixante-seize pour cent des sonnets du recueil.

Le visage et l'individualité de Marie comme personne vivante se dérobent aux recherches les plus attentives, et pour mettre un comble à la déroute des reporters de l'histoire littéraire, Roger Sorg a démontré de façon irréfutable que les fameux sonnets sur la mort de Marie, que l'on savait déjà très postérieurs aux autres, avaient été écrits pour le compte d'Henri III sur une autre Marie, Marie de Clèves, princesse de Condé, morte en couches à vingt et un ans, et maîtresse du roi.

De telles démystifications sont salutaires, car elles détruisent un vieux stéréotype : celui du poète traducteur d'émotions. Le cas de Ronsard est loin d'être isolé.

Chaque fois que se présente l'occasion d'étudier de près la genèse d'une grande œuvre, l'explication anecdotique ne résiste pas à l'analyse. L'émotion ne cesse d'être un état passif que dans la mesure où le poète se montre capable de l'élever à un timbre de sensibilité sans commune mesure avec ses origines, et dans ce processus l'émotion anecdotique n'est qu'un point de départ, un prétexte qui pourrait être remplacé par un autre prétexte informulable en anecdote, ou même par la participation fictive à une émotion étrangère. Muet sur la mort de Marie Dupin, Ronsard a écrit ces quelques chefs-d'œuvre sur la mort d'une jeune femme à l'occasion d'un événement qui le touchait d'infiniment moins près.

Il ne s'agit pas, pour autant, de nier *a priori* l'existence d'événements personnels à l'origine de certains poèmes, mais d'ouvrir les yeux sur les mutations qu'ils subissent dans la conscience du poète. Au moment où Ronsard écrit ses sonnets, l'amour est matière de littérature depuis des millénaires, et les attitudes à son égard aussi bien que le langage amoureux sont tellement imbriqués dans la civilisation et les cultures de l'Occident qu'on ne peut les en isoler. Non seulement les mots se cristallisent autour de schémas préexistants, mais les sentiments eux-mêmes sont conditionnés par une pression sociale d'autant plus forte que ceux qui la subissent en ont moins conscience. Quand le quasi-contemporain de Ronsard, saint Jean de la Croix, a voulu chanter l'amour divin, il l'a fait avec les mots, les concepts et les images de l'amour courtois, parce qu'il n'en avait pas d'autres à sa disposition, et parce que les créateurs les plus hardis peuvent assembler différemment les matériaux, mais non pas les créer – encore que souvent ils se flattent de l'illusion contraire.

Aussi l'opposition qu'on aime faire, entre la nature sensuelle de Ronsard et la tradition pétrarquiste dans laquelle il aurait étouffé, est-elle en porte à faux. Il est évident que nombre de sonnets à Cassandre fourmillent d'allusions néoplatoniciennes. Le poète amoureux prétend voir dans la mort une occasion de s'unir à l'*idée* « des beaux yeux bruns » qu'il aime, il parle de brûler afin que « libre et

LA RÉSISTANCE
DES CŒURS

■ *La Femme entre deux âges*. École française, XVIᵉ siècle. Rennes, musée des Beaux-Arts.

D'un sang froid, noir et lent, je sens glacer mon cœur
Quand quelcun parle à vous ou quand quelcun vous touche ;
Une ire autour du cœur me dresse l'escarmouche.
Jaloux contre celuy qui reçoit tant d'honneur.

LA RÉSISTANCE
DES CŒURS

nu » il vole « outre le ciel » pour retrouver la Beauté dont le corps de sa maîtresse n'est que l'ombre. Dans tout cela, Platon est beaucoup plus présent que Pétrarque. On retrouve jusqu'à l'apologue du *Phèdre* dans l'attelage des deux chevaux qui tirent chacun de leur côté :

> Le cheval noir qui ma Royne conduit,
> Suivant le traq où ma chair l'a seduit,
> A tant erré d'une vaine traverse,
> Que j'ay grand'peur, si le blanc ne contraint
> Sa course folle, et ses pas ne refraint
> Dessous le joug, que ma raison ne verse.

Mais on pourrait difficilement soutenir que ce platonisme représente un stade de jeunesse, puisqu'il est là plus que jamais dans les *Sonnets pour Hélène*, chef-d'œuvre de vieillesse, et que dès les premiers livres des *Amours* on trouve, à côté des subtilités spiritualistes, une conception toute physiologique du désir :

> [...] un petit feu me court
> Frétillant sous la peau, je suis muet et sourd

écrit-il dans les *Amours de Marie*, après avoir donné à Cassandre une description extraordinairement réaliste du trouble amoureux :

> Quand je vous voy, ou quand je pense en vous,
> D'une frisson tout le cueur me fretille,
> Mon sang s'esmeut, et d'un penser fertile
> Un autre croist, tant le sujet m'est dous.
> Je tremble tout de nerfs et de genous ;
> Comme la cire au feu je me distile ;
> Ma raison tombe, et ma force inutile
> Me laisse froid, sans haleine et sans pous.

À voir le halo de chaleur autour de ces beaux vers, on oublie que l'impression de vérité qu'ils dégagent est due au choix des mots, des sonorités et des rythmes, car ce schéma physiologique a été précisément élaboré par la tradition pétrarquiste, faite elle-même d'éléments empruntés au *Roman de la rose* et, au-delà de lui, aux troubadours, à Catulle, à Ovide, à Lucrèce et aux Alexandrins. Quand il donne dans le réalisme sensuel, Ronsard ne se révolte pas contre Pétrarque : il s'aligne au contraire sur une tradition tellement ancienne qu'on en a fini par oublier qu'elle était une tradition, et par ne plus la distinguer de la nature des choses.

Marsile Ficin qui, dans ce domaine comme dans beaucoup d'autres, coordonne et systématise à merveille, a fait une description détaillée du processus : le poison d'amour pénètre par les yeux, il va jusqu'au cœur, et de là s'insinue dans le sang et va du sang à l'âme après avoir paralysé les sens l'un après l'autre. L'amoureux tombe ainsi dans un état passif dont on ne sait exactement s'il est pâmoison sensuelle ou extase mystique. Si l'amour est partagé, l'âme de l'amant revit dans le corps de l'aimée : sinon elle subit une sorte de demi-mort, le corps désiré lui étant interdit. Que l'on passe en revue les sonnets d'amour de Ronsard : on s'apercevra que presque tous empruntent un ou plusieurs éléments à ce scénario qui, pour un homme du XVIe siècle, n'est pas une fiction littéraire, mais la représentation traditionnelle et considérée comme scientifique de la réalité amoureuse.

Le néoplatonisme de Marsile Ficin n'a d'ailleurs pas l'austérité de celui de Léon l'Hébreu, il n'a garde de faire fi du cheval noir. Pour lui, l'amoureux le plus profane, même sans le savoir, obéit à un tropisme religieux, car le désir physique est à la recherche du divin dont la beauté n'est que l'ombre terrestre. Au nom de ce principe, Michel-Ange pouvait dire à Tommaso Cavalieri que son visage l'élevait jusqu'à Dieu :

> Point d'autre image ici, point d'autre fruit
> Du ciel sur terre ; et qui t'aime avec foi
> Monte vers Dieu et se fait la mort douce.

Moins sombrement mystique, et s'adressant à d'autres partenaires, Ronsard, dans les *Vers d'Eurymédon et de Callirée*, rend grâce à sa dame

> Dont le corps si parfait sert de tesmoin que l'âme
> Est parfaite et divine, et qu'elle a dans les Cieux
> Prise son origine [...].

Avant elle, il se traînait « dans une masse morte », et son esprit

> [...] lourde et grosse matière
> Errait sans forme et sans figure entière.

Arrive l'amour, et l'adolescent informe est devenu une vraie créature de Dieu :

> Amour rendit ma nature parfaite
> Pure par luy mon essence s'est faite.

Non content de mettre l'esprit en marche, l'amour allège la matière comme le feu des alchimistes transforme un métal en matière subtile :

> Et tout ainsi qu'on voit s'évaporer Mercure
> Au feu d'un alchimiste, et s'envoler en rien,
> Ainsi dedans le ciel, mon corps qui n'est plus mien,
> Alembiqué d'Amour, s'envole de nature.

Mais voyant sa compagne plus lente que lui à s'alléger, Eurymédon juge l'amour de Callirée moins fort : « Si vous aimiez autant, dit-il, vous seriez plus légère » :

> La terre maugré moy vous attache les pas.
> Vous estes paresseuse et au Ciel je m'envole.

Il ne tiendrait qu'à elle de le suivre, si son amour était plus grand :

> Si vous suiviez mon vol quand nous ballons au soir
> Flanc à flanc, main à main, imitant l'Androgyne,
> Tous deux dançans la Volte, ainsi que les Jumeaux
>
> Prendrions place au séjour des Astres les plus beaux,
> Et serions dits d'Amour à jamais le beau Signe.

Épuré par l'amour, va-t-il s'envoler seul et la laisser derrière ? Non : il se refuse à passer outre, et à mi-chemin il s'arrête :

> Las ! que feroy-je au Ciel assis entre les Dieux ?
> Sans vivre auprès de vous, Maistresse, et sans vous voir
> Le Ciel me semblerait un grand desert sauvage.

Cet admirable dernier vers, si riche en résonances, établit d'un trait la frontière entre le parfait amour platonicien et le compromis à mi-hauteur ménagé par Ronsard. Mais on a trop perdu de vue que ce compromis est situé « par rapport » à un absolu qui lui donne sa signi-

LA RÉSISTANCE
DES CŒURS

■ Antoine Caron.
La Sibylle de Tibure.
Détail de la fontaine.
Coll. part.
La Sibylle prophétise à l'empereur Auguste l'avènement du Christ qui sauvera le monde. Ronsard, dans l'*Hercule chrestien*, christianise aussi les Sibylles.

LA RÉSISTANCE
DES CŒURS

fication. Les soupirs du poète vont vers cette royale union des âmes et des corps que Platon avait illustrée par le mythe de l'Androgyne, dans *Le Banquet* : deux moitiés d'êtres séparées par les dieux, qui se recherchent et voudraient d'instinct « recomposer notre antique nature en s'efforçant de fondre deux êtres en un seul, et de guérir ainsi la nature humaine blessée ». Ronsard sait trop bien que c'est pour lui un espoir interdit. Clerc tonsuré, vivant de bénéfices ecclésiastiques et condamné aux amours passagères, il n'est pas un parti pour les femmes, le bonnet rond qu'il porte est là pour le lui rappeler. C'est à Sinope, qu'il a aimée, nous dit Rémi Belleau, « d'une affection presque furieuse », qu'il confiait :

■ École de Fontainebleau, XVIe siècle. *Scène de comédie*. Musée de Bayonne.

Quand je veux en amour prendre mes passe-temps,
M'amie en se moquant laid et vieillard me nomme.

> [...] Je voudrais avoir changé mon bonnet rond
> Et vous avoir chez moi pour ma chère épousée :
> Tout ainsi que la neige au doux soleil se fond,
> Je me fondrais en vous d'une douce rosée.

Sans illusions, il sait que cette fête n'est pas pour lui, ni la danse de l'Androgyne, et que même pour des maîtresses d'occasion, il n'est plus que la ruine du bel écuyer d'autrefois.

LA RÉSISTANCE DES CŒURS

> Quand je veux en amour prendre mes passe-temps,
> M'amie en se moquant, laid et vieillard me nomme ;
> « Quoy ! dit-elle, resveur, tu as plus de cent ans,
> Et tu veux contrefaire encore le jeune homme !
>
> Tu ne fais que hanir, tu n'as plus de vigueur,
> Ta couleur est d'un mort qu'on devalle en la fosse ;
> Vray est, quand tu me vois, tu prens un peu de cœur,
> Car un gentil cheval ne devient jamais rosse.
>
> Si tu veux le sçavoir, prends ce miroir, et voy
> Ta barbe en tous endroits de neige parsemée,
> Ton œil qui fait la cire espesse comme un doy,
> Et ta face qui semble une idole enfumée. »

Ce grimaçant autoportrait, qui fleure son réalisme gothique, Ronsard a quarante ans à peine quand il le burine, et il s'est bien gardé de le mettre dans les *Amours*, domaine de la stylisation courtoise et érotique : il l'a logé dans un coin du cinquième livre des *Odes*. Il se sait déjà condamné au régime des sentiments exaltés et hautement décoratifs dédiés à de grandes dames qui ne donnent que des sourires en échange d'hommages en vers, quitte à prendre des satisfactions purement physiques avec des maîtresses complaisantes et de moindre volée. Dans sa vie, la passion et les sens ne se sont presque jamais rejoints. Que l'on n'accuse pas Pétrarque : la vraie dualité est là.

Ce serait aller trop vite en besogne que d'imaginer un Ronsard allégrement résigné. La légende de l'épicurien couronné de roses ne tient pas devant une sérieuse analyse, et elle n'est due qu'à l'arbitraire des sélections d'anthologie. L'amertume de l'amant condamné à l'épreuve de Sisyphe, les tiraillements entre l'esprit et les sens, on ne les aperçoit pas seulement dans les œuvres de maturité et de vieillesse, mais même, de loin en loin, dans les premiers recueils. C'est dans les *Amours de Cassandre* que le poète envie les rustauds qui peuvent se contenter des sens :

> Je voudrois estre un pitaut de village,
> Sot, sans raison et sans entendement,
> Ou fagoteur qui travaille au bocage :

LA RÉSISTANCE
DES CŒURS

> Je n'aurois point en amour sentiment.
> Le trop d'esprit me cause mon dommage,
> Et mon mal vient de trop de jugement.

Mais il a beau le regretter, pas plus que l'union mystique de l'Androgyne avec lui-même, la grosse béatitude charnelle n'est faite pour lui. Ni amant privilégié ni jouisseur, il sait que l'esprit fait blessure et

> Dedans la chair, rebelle, se promeine [...].

C'est peut-être cette insatisfaction fondamentale qui l'a poussé vers la magie blanche de l'art. Il reconstruit dans ses sonnets un paradis d'amours fictives où l'esprit parcourt voluptueusement la chair en l'enveloppant d'une sorte de conscience épidermique, et où l'âme, à son tour attentive à la chair, participe, comme l'a dit si justement Henri Weber, au « trouble du corps qui envahit tout l'être et se prolonge dans une sorte d'au-delà poétique ». Quand le miracle arrive – et il arrive souvent – on peut être certain que Ronsard a réussi à insérer le sens dans la pulpe des mots comme lui seul sait le faire. Écoutons-le nous montrer comment un sourire de Cassandre met en branle ses forces vives au point

> Que l'âme fut d'un tel plaisir si gloute,
> Qu'affriandée au goust d'un si doux bien [...].

Il nous parle de l'âme, mais les mots nous mettent l'eau à la bouche.

Inversement, il lui arrive d'attaquer un début de sonnet avec l'image la plus brutalement érotique, mais en lui donnant une amplification cosmique d'une telle puissance qu'elle en acquiert une sorte de grandeur religieuse :

> Or' que Jupin espoint de sa semence
> Hume a longs traitz les feux accoutumez
> Et que du chaud de ses reins allumez
> L'humide sein de Junon ensemence ;
>
> Or' que la mer, or' que la véhémence
> Des vents fait place aux grans vaisseaux armez,
> Et que l'oiseau parmi les bois ramez,
> Du Thracien les tançons recommence [...]

Jamais poète français n'avait parlé ainsi. Avant trois siècles, on ne retrouvera plus cet accent ni cette fraîcheur du premier coup d'œil sur un univers en état de continuelle naissance.

Aussi maître de ses moyens dans les demi-teintes que dans les couleurs franches, Ronsard peut évoquer les caresses d'un amant attendri sans prononcer le mot, par le seul jeu des sifflantes et des voyelles :

> Que pleures-tu, Cassandre, ma douce âme ?

S'il veut parler des complicités réciproques de l'imagination et des nerfs dans l'intoxication amoureuse, il a recours, comme ses contemporains et ses prédécesseurs, au « poison des yeux » qui gagne le cœur et le sang. Mais ce qui nous semble chez les pétrarquistes – et souvent chez Pétrarque lui-même – un froid schéma physiologique, à la fois convention littéraire et médecine archaïque, devient sous la plume de Ronsard un symbole poétique redoutablement efficace :

> Telle rage me tient apres que j'ay tasté
> À longs traits amoureux de la poison amere
> Qui sort de ces beaux yeux dont je suis enchanté.

En écoutant ces merveilleux alexandrins, on en oublie la médecine courtoise et les symboles, pris à la gorge par des mots qui font sentir de façon presque physique la fermentation trouble de la chair et de l'esprit.

Qu'on ne parle pas d'artifices de style, comme si le style était un ornement amovible indépendant de la réalité des vers. La signification formelle est ici de secondaire importance, l'essentiel étant dans les mots conducteurs capables de manifester une présence, et qui s'ouvrent un à un comme des fleurs. Tout se passe comme si Ronsard avait transposé dans son univers poétique cette union de l'esprit et des sens qui lui a été refusée, et dont il chante l'épithalame dans son œuvre, avec la gravité heureuse d'un clerc qui célèbre un culte au nom d'une communauté. Heureuses contraintes d'une vie à la fois brillante et frustrée, qui nous ont valu les miracles verbaux les plus succulents de notre langue.

LA RÉSISTANCE DE L'HISTOIRE

Ronsard n'a jamais connu en même temps la sécurité matérielle et la sécurité politique. Jusqu'aux dernières années du règne d'Henri II, il est dans la position d'un intellectuel qui a joué sa carrière sur la cour et qui a obtenu de grands succès de curiosité et d'estime, des amis haut placés, des encouragements, des bravos à côté des lazzi et des hochements de tête que le public réserve aux novateurs, mais guère plus. Henri II lui a fait un accueil aussi mesuré que bienveillant et lui a octroyé pour tout potage les revenus d'une ou deux cures de campagne. En 1558, tout change : l'auteur chéri des courtisans frivoles, Mellin de Saint-Gelais, meurt et laisse vacante la place de premier poète de la cour de France. Quelques mois plus tard, Ronsard reçoit la charge d'aumônier du roi. La prébende est moins grasse qu'on le laisse entendre : 1200 livres par an. À une époque où le revenu moyen d'un petit gentilhomme campagnard est de 500 livres, c'est peu, si l'on tient compte de la différence de train de vie. Mais après la mort dramatique d'Henri II et le court règne du jeune François II, Charles IX devient l'interlocuteur royal que Ronsard avait toujours rêvé d'avoir : généreux, aimant, admiratif. C'est avec une véritable tendresse paternelle que le poète, maintenant célèbre, va s'attacher à ce jeune garçon nerveux et seul qui l'écoute avec dévotion, échange des vers avec lui, subventionne la rédaction de *La Franciade*, et fait pleuvoir les prébendes. À la mort du

■ Charles IX (1560-1574) est l'interlocuteur royal dont Ronsard avait rêvé. Généreux et admiratif, il fera pleuvoir sur lui subventions et prébendes. Hélas! il mourut très jeune. Château de Versailles.

LA RÉSISTANCE
DE L'HISTOIRE

roi-disciple, Ronsard fera figure de nanti – les polémistes protestants le lui reprocheront assez – et s'il continue à quémander sous Henri III, c'est que l'inflation accélérée, qui sévit pendant la seconde moitié du siècle, ampute progressivement le pouvoir d'achat des revenus fixes. C'est le moment où la province est pleine de gentilshommes campagnards qui :

> Lorsque tout est vendu, levant la tete aux cieux,
> N'ont plus d'autres recours qu'à vanter leurs aieux.

On n'évite ce sort qu'en multipliant les nouvelles sources de revenu avec l'énergie du désespoir. C'est ce que Ronsard a compris.

Mais il est condamné, par là même, à l'existence de poète-courtisan. Il se dit peu fait pour elle, mais s'adapte à sa nouvelle existence en maugréant, comme il le confesse à Odet de Coligny, cardinal de Châtillon, dans son *Discours contre Fortune* :

> Lors j'appris le chemin d'aller souvent au Louvre
> [...]
> J'appris à desguiser le naïf de ma face,
> Espier, escouter, aller de place en place,
> Cherchant la mort d'autruy : misérable moyen
> [...]

■ Le Louvre, façade de P. Lescot et J. Goujon sur la Cour carrée. Paris, Bibl. nat. Ronsard se disait peu fait pour la vie de cour. Néanmoins, il dut s'y adapter, ne fût-ce que pour y quémander des sources de revenu.

> Bazané me devint tout le beau teint vermeil,
> Et n'esternuay point regardant le soleil.
> Depuis ce mauvais jour, plein de soin et d'envie,
> De travaux courtizans, je tourmentay ma vie ;
> Mon cœur, que le malheur par le doute esbranla,
> Me promettant cecy et maintenant cela.

Ce travail de longue haleine suppose des calculs sans fin, la recherche des protecteurs, une cour assidue, non seulement aux rois, mais aux secrétaires d'État, aux conseillers les plus influents et à leurs femmes. D'où les innombrables poèmes dédiés aux puissants du jour, la masse des pièces de circonstance qui occupent une si large place dans les œuvres complètes, et surtout l'indigeste *Franciade*.

N'allons pas dire que le bilan est négatif. Parmi les poèmes d'occasion mis d'emblée au rancart par les auteurs d'anthologie, il y a de très belles pages, des vers à Henri II, à Marguerite de Savoie, à Charles IX, des épitaphes, et surtout les admirables élégies à Marie Stuart, un des sommets du lyrisme de la Renaissance. Ajoutons que la fréquentation du Louvre a donné à Ronsard ce que les autres écrivains de la Pléiade n'ont jamais eu : une conscience politique. Il ne faut pas réduire la cour des Valois au rôle de coopérative de l'intrigue et du divertissement : elle est aussi le siège des grandes décisions, le point d'aboutissement des informations sur le pays. Ronsard y est bien placé pour voir les remous que font la mort d'un roi, une rupture de négociations, une aventure militaire ; il sait de quel tribut de sang est payée une querelle religieuse, et combien la France en reste affaiblie. Voilà ce qui manquera toujours aux humanistes de collège, ou au docte Pontus de Tyard, retranché dans son fief de province.

Lorsqu'il s'engage dans la mêlée avec la suite des *Discours sur les misères de ce temps*, Ronsard ne diffère pas seulement de Théodore de Bèze et d'Agrippa d'Aubigné par les thèses qu'il défend ou le parti qu'il choisit, mais par le point de vue d'État qu'il adopte, aussi étranger à ses adversaires qu'aux partisans du duc de Guise. Il a bien vu que le recours à la force pour la défense d'une minorité opprimée entraînait le pays dans un circuit infernal de violence qui, en dégradant l'autorité de l'État, rendait encore plus générale l'insécurité qu'on avait voulu combattre et, par surcroît, dégradait les consciences. Loin de vouloir blanchir son parti, il ne manque pas une occasion de dénoncer les tares du clergé, qu'il se refuse à confondre avec l'Église de Dieu :

> Je sçay bien
> Que la plus grande part des prestres ne vaut rien,
> Mais l'Église de Dieu est sainte et véritable.

Ce n'est donc pas la volonté de réformer l'Église qu'il reproche aux huguenots, mais le recours à la force armée pour la défense de leur foi, ce qui fait toute la différence entre eux et les premiers chrétiens.

> Si vous n'eussiez parlé que d'amender l'Église,
> Que d'oster les abus de l'avare prestise,
> Je vous eusse suivy, et n'eusse pas esté
> Le moindre des suivans qui vous ont escouté.
> Mais voyant vos couteaux, vos soldats, vos gendarmes
> Voyant que vous plantez vostre foy par les armes
> […]
> J'ay pensé que Satan, qui les hommes attise
> D'Ambition, estait chef de votre entreprise.
> […]
> Vos haines, vos discords, vos querelles privées
> Sont cause que vos mains sont de sang abreuvées,
> Non la religion, qui sans plus ne vous sert
> Que d'un masque emprunté qu'on voit au descouvert.

Pis que tout est le principe des représailles sur les otages, adopté par eux :

> Tu diras pour response : « on pend mes compagnons,
> De rendre la pareille icy nous enseignons,
> Et peu nous soucions de tort ny de droiture,
> Pourveu que nous puissions revenger nostre injure. »
> Ha ! response d'un Scythe, et non pas d'un chrestien
> […]
>
> Par mines seulement Chrestien tu te descouvres,
> Je dy chrestien de bouche et Scythe par les œuvres.

Devant le spectacle des souffrances du peuple, le poète est partagé entre la pitié et la colère :

LA RÉSISTANCE
DE L'HISTOIRE

> Or quand Paris avait sa muraille assiégée,
> Et que la guerre estait en ses faubourgs logée,
> Et que les morions et les glaives tranchans
> Reluisoyent en la ville et reluisoyent aux champs,
> Voyant le laboureur tout pensif et tout morne,
>
> L'un trainer en pleurant sa vache par la corne,
> L'autre porter au col ses enfans et son lit,
> Je m'enferme trois jours, renfrongné de despit,
> Et prenant le papier et l'encre de colere,
> De ce temps malheureux j'escrivi la misere.

D'impartialité absolue, il ne peut être question. Ronsard est trop engagé dans la lutte. Il reste qu'à une époque où les deux partis ne comptent plus que sur la ruse et sur la force pour faire pencher la France entière vers la religion de Calvin ou celle du pape, Ronsard sent l'absurdité du pari, et il voit venir le malheur avec une lancinante lucidité. Ce n'est plus le joyeux compagnon du *Folâtrissime voyage d'Arcueil*, mais un patriote anxieux qui a dans les oreilles le tic-tac de la machine infernale qui va faire sauter la maison des Valois, et avec elle la civilisation de la Renaissance.

Dans cette période médiane de la vie de Ronsard, l'attachement à la patrie et au roi vient relayer le sentiment d'appartenance à la communauté humaniste. Non que la République des lettres ait été balayée par l'orage, mais sa voix se fait plus faible, ses solidarités moins sûres, et le temps n'est pas loin où Genève et la Contre-Réforme rivaliseront de zèle pour la neutraliser. Bien sûr, il arrive à Ronsard de se tourner vers le passé, de regretter le bon temps du Coqueret : il imagine alors, après Thomas Morus et Rabelais, son Utopie à lui, celle des « îles fortunées » vers lesquelles il ferait bon s'évader en compagnie des amis de jeunesse :

> Puisqu'Enyon d'une effroyable trope
> Pieds contre-mont bouleverse l'Europe,
> La pauvre Europe, et que l'horrible Mars
> Le sang chrestien espand de toutes pars.
> [...]
> Puisque l'on voit tant de foudres aux cieux
> En temps serain, puis que tant de Cometes,

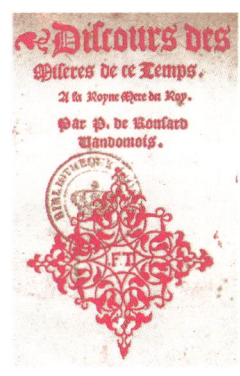

■ *Discours des misères de ce temps. A la reine mère du roi, 1562.* Cet appel à la reine, qui n'a pas encore complètement pris parti pour les catholiques, est le plus célèbre des discours politiques de Ronsard. Paris, Bibl. nat. Il s'achève sur une prière à Dieu pour une réconciliation.

LA RÉSISTANCE
DE L'HISTOIRE

> Tant de chévrons, tant d'horribles planetes
> Nous menacer ; puisqu'au milieu de l'aer
> On voit si dru tant de flames voler,
> Puis trebucher de glissades roulantes ;
> Puisque l'on oit tant d'Hecates hurlantes
> […]
> Fuyon, fuyon quelque part où nos piez
> Ou nos bateaux dextrement déliéz
> Nous conduiront ; mais avant que de mettre
> La voile au vent, il te faudra prometre
> De ne vouloir en France revenir […].

Mais ces velléités d'évasion imaginaire ne durent pas longtemps, car Ronsard n'a rien d'un rêveur ni d'un rabâcheur de souvenirs. Il a les yeux trop grand ouverts pour ne pas voir que de jour en jour la communauté du Coqueret s'effrite. Les historiens de la littérature ont voulu la faire survivre artificiellement en inventant l'école littéraire de la Pléiade, imaginée sur le modèle des cénacles romantiques ou symbolistes. En réalité, Ronsard, qui parle souvent de « brigade », dans le sens courant qu'il avait alors de petit groupe, ne s'est servi qu'une seule fois du mot Pléiade, mais d'une façon tellement vague qu'il serait tombé dans l'oubli si des polémistes protestants n'avaient relevé l'audace impie de ces hommes de lettres qui se comparaient aux étoiles. Leurs clameurs attirèrent l'attention sur le mot, sans réussir à lui donner l'importance que nous lui donnons maintenant. En 1573 encore, lorsque le docte Pontus énumère les compagnons de route de Ronsard, non seulement il ne souffle mot de Pléiade, mais il ne s'en tient pas même au chiffre sept : il nomme six poètes (dont lui-même) en ajoutant : « et quelques autres ». Quant à Ronsard, il pensait tellement peu à un groupement constitué que, lorsqu'il lui arrive de citer les noms de ses complices en poésie, il ne donne jamais deux fois la même liste.

Ces déclassements successifs étaient dus à des morts, à des froissements et à des brouilles, voire à des excommunications provisoires, car les relations étaient loin d'être faciles dans cette petite société d'hommes de lettres. Devenu chef de file à un âge où beaucoup font à peine leurs débuts dans la vie, Ronsard n'a pas été

DE P. DE RONSARD.

Cette secte apres moy, race ie te supplie
Ne t'incense iamais apres telle folye,
Et relisant ces vers, ie te pry' de penser
Qu'en Saxe ie l'ay veue en mes iours commencer,
Non comme Christ la sienne: ains par force & puissance
Desoubs un Apostat elle prit sa naissance:
Le feu, le sang, le fer en sont le fondement,
Dieu vueille que la fin en arriue autrement,
Et que le grand flambeau de la guerre alumée,
Comme un tyzon de feu se consume en fumée.

FIN.

Aux bons & Fidelles
MEDECINS PREDICANS,
sur la prise des trois pillules, qu'ils m'ont enuoyées.

MEs bons & fidelles Medecins Predicans ainsi que de gayeté de cueur, & sans froncer le fourcy, i'ay gobbé & aualé les troys pillules que de vostre grace m'auez ordonnées : lesquelles toutesfoys n'ont fait en mon cerueau l'entiere operation que desiriez, comme vous pourez

■ Une page de la *Réponse aux injures et calomnies de je ne sais quels prédicants et ministres de Genève* (1563). Paris, Bibl. nat. Ronsard y répond aux attaques de deux ministres protestants, qui l'avaient personnellement attaqué et avaient nié sa valeur poétique. Il y assume son identité de gentilhomme et de Vendômois.

contesté par les siens tant qu'il est resté le *primus inter pares* d'un groupe de jeunes gens qui se poussaient et s'adulaient mutuellement. Mais du jour où il devint le prince des poètes universellement reconnu, les amis de jeunesse se sentirent frustrés, et la jalousie, jusque-là contenue, se donna libre cours. Bien sûr, ils n'attaquent jamais ouvertement l'homme qui reste leur porte-drapeau, leur justification, mais ils ne manquent pas une

■ Étienne Delaune, *Triomphe de la Religion (Allégorie de la Rédemption)*. On retrouve les principaux thèmes de cette gravure dans l'*Hercule chrétien*, poème qui figure dans le premier livre des *Hymnes* de Ronsard (1555). Paris, musée du Louvre. Ronsard, qui n'a qu'exceptionnellement évoqué les mystères de la religion, y propose une lecture christianisée de la légende d'Hercule. Les fables mythologiques peuvent ainsi trouver selon lui leur véritable sens.

occasion de lui faire sentir qu'eux et lui sont de la même argile, et qu'il ne doit qu'à la chance et à l'intrigue d'avoir été à ce point élevé au-dessus d'eux.

Rien n'est plus significatif que les menus incidents de la petite guerre d'hommes de lettres analysée par Marcel Raymond dans son beau livre sur *L'Influence de Ronsard sur la poésie française*. Baïf et Du Bellay ne se sont jamais tout à fait résignés au rôle de brillants seconds, Jodelle est vite devenu *the odd man out*, Denisot et Tahureau ont fait mine de passer à l'ennemi à plus d'une reprise. Seul Rémi Belleau, l'ouvrier de la onzième heure, le tard venu, semble avoir conservé au maître un loyalisme et une affection sans arrière-pensées.

Arrivé à la quarantaine, Ronsard ne compte guère sur ses amitiés de jeunesse, et il n'a pas encore atteint l'âge où, vieillard respecté, il sera entouré de disciples beaucoup trop jeunes pour jalouser le grand aîné qui leur fait l'honneur de les admettre dans sa compagnie. Il est très seul. Et à mesure qu'il perd quelques-unes de ses illusions sur la société, sur les hommes, il révise certaines conceptions humanistes adoptées d'enthousiasme au Coqueret. Dans tous ses écrits de jeunesse, il parle de la « vertu » à la manière d'Érasme et de Budé comme d'un état de perfection de l'homme total qui inclut des qualités morales, physiques et intellectuelles, mais pour lui comme pour ceux qui ont été formés à l'école de la première Renaissance, le développement intellectuel précède et dans une certaine mesure conditionne les autres. Pour un humaniste du début du siècle comme le cardinal Sadolet, l'ignorance étant à l'origine de tous les maux, le savoir a une valeur morale en soi : vertu ne veut pas dire bonnes habitudes, mais pratique raisonnée du bien connu, compris et aimé pour lui-même. À ce compte, Guillaume Budé n'a pas de peine à en conclure qu'Alexandre devait autant à son maître Aristote qu'à son père Philippe, et Ronsard suit ses traces quand il dit dans son *Institution pour l'adolescence du Roy Charles IX* :

> Le vray commencement pour les vertus accroistre
> C'est (disait Apollon) soy mesme se cognoistre.

Déjà, dans sa préface de 1550 aux *Odes*, il déclarait n'écrire « que pour les gentils esprits ardans de la vertu », étant bien entendu que l'étude des lettres est « l'heureuse félicité de la vie, et sans laquelle on doit désespérer ne pouvoir jamais atteindre au comble du parfait contentement ».

À mesure qu'il avance en âge et que l'édifice de la Renaissance se dégrade, sa confiance en l'image humaniste de l'homme faiblit, et il en revient, dans son discours à l'Académie du Palais, à la vieille distinction médiévale entre vertus intellectuelles et vertus morales, en donnant la priorité aux secondes. Dans la mesure, explique-t-il, où les vertus intellectuelles prédisposent à des attitudes contemplatives et écartent des circuits sociaux, elles doivent céder le pas aux vertus morales qui préparent à l'action, « car que sert la contemplation sans l'action ? De rien, non plus qu'une pensée qui est toujours dans ung fourreau ou ung cousteau qui ne peult copper ».

LA RÉSISTANCE
DE L'HISTOIRE

Les premiers humanistes avaient fait confiance à la magie du savoir. Ils avaient cru réformer les royaumes en communiquant aux princes leurs curiosités culturelles, ils avaient même eu un début de succès dans la personne de François Ier, et voilà que la magie n'opérait plus. Devant les réactions en chaîne des forces religieuses et sociales brutalement libérées, les barrages humanistes, en fin de siècle, faisaient figure de châteaux de sable face à la grande marée.

Mais comment expliquer alors les virevoltes de l'histoire et l'échec de l'effort de deux générations ? Par le *fatum*, répond Ronsard. Il n'apporte d'autre réponse que celle qui a cours dans les milieux qu'il fréquente : un mélange de fatalisme gréco-romain et de déterminisme astrologique dont Marsile Ficin avait donné la formule. Les hommes s'agitent sans raison, confie Ronsard quelques années avant sa mort à Nicolas de Neufville, le destin a le dernier mot :

> […] J'ay veu que sous la lune
> Tout n'estoit que hazard, et pendoit de Fortune.
> Pour neant la prudence est guide des humains :
> L'invincible Destin luy enchesne les mains,
> La tenant prisonniere, et tout ce qu'on propose
> Sagement la Fortune autrement en dispose.

Ce n'est pas qu'il nie la possibilité d'un recours contre le malheur. Dans la mesure où on peut le prévoir, il est possible de contrebalancer les influences contraires. Pour cela, il faut écouter les prophètes et, quand Ronsard parle de « prophète de Dieu », il distingue à peine Isaïe de Nostradamus ou du poète inspiré. Tous les trois sont mus par Apollon qui alimente leurs « fureurs ». Dès la publication des *Centuries* en 1555, bientôt suivie par le retentissant voyage de Nostradamus à Paris et sa réception à la cour, Ronsard multiplie les allusions aux pouvoirs des voyants. Dans l'*Hymne de l'automne*, il associe poète et prophète au point de les confondre, et après la mort tragique d'Henri II et le déclenchement des guerres civiles, il ne cesse de répéter que Nostradamus avait prévu tous ces malheurs, qui ne sont devenus

■ Anonyme. France, XVIe siècle. *Adam et Eve*. Le Havre, musée des Beaux-Arts André-Malraux.

… un petit feu me court
Frétillant sou la peau.
Je suis muet et sourd.

LA RÉSISTANCE
DE L'HISTOIRE

inévitables que parce que les Français, comme autrefois les Juifs, sont restés sourds au message :

> Foy n'avons adjoustée à si divins presages
> Obstinez, aveuglez : ainsi le peuple Hebrieu
> N'avoit point de creance aux Prophetes de Dieu.

Dans le *Discours à Des Autels*, il insiste encore davantage sur la vérification par les faits des prévisions de Nostradamus :

> Comme un oracle antique, il a dés mainte année
> Predit la plus grand part de nostre destinée.
> Je ne l'eusse pas creu, si le Ciel qui depart
> Bien et mal aux humains, n'eust esté de sa part.

■ Antoine Caron, *Astronomes étudiant une éclipse*. Londres, coll. part. Pour Ronsard comme pour nombre de ses contemporains, le destin de l'homme est réglé par les astres. Ce fatalisme astral, qui va s'accentuer avec les années, donne à ses vers un souffle cosmique jusque-là inconnu dans la poésie française.

LA RÉSISTANCE DE L'HISTOIRE

Cette référence aux oracles antiques n'est pas une clause de style : les Pères de l'Église n'avaient-ils pas reconnu l'authenticité d'inspiration de certains oracles païens ? Et les papes n'avaient-ils pas laissé Michel-Ange peindre les sibylles à côté des prophètes sur les plafonds de la chapelle Sixtine ? L'inspiration est une. Et Ronsard ne laisse pas oublier que les poètes en ont leur part :

> Je resemble, mon Prince, au Prestre d'Apollon
> Qui n'est jamais attaint du poignant aiguillon
> Ou soit de Prophétie, ou soit de Poësie
> S'il ne sent de son Dieu son ame estre saisie.

Nostradamus, de son côté, n'imagine pas de façon très différente l'association prophétie-poésie. Quand Jean de Chauvigny, qui est devenu son disciple après avoir été l'élève de Daurat, nous décrit le voyant de Salon écrivant *Les Centuries*, il le montre « rempli d'enthousiasme », et comme « ravi de fureur ». Or non seulement sa fureur se réclame du même Dieu que celle de Ronsard, mais ses moyens d'expression sont aussi des moyens poétiques. Écoutons le mage, dans l'introduction de sa première *Centurie*, se présenter à nous, assis sur un trépied d'airain comme l'oracle du temple de Branchus, consultant, baguette en mains, les deux éléments sacrés – l'eau et le feu :

> Estant assis de nuict secret estude
> Seul reposé sur la selle d'aerain,
> Flambe exigue sortant de solitude,
> Fait prosperer qui n'est à croire vain.
>
> La verge en main mise au milieu de Branches
> De l'onde il moulle et le limbe et le pied ;
> Un peur et voix fremissent par les manches :
> Splendeur divine. Le Divin prés s'assied.

■ Page de titre des *Prophéties de Michel Nostradamus*, édition de 1589. Paris, Bibl. nat. Nostradamus est pour Ronsard une référence fondamentale ; « comme un oracle antique », il a été capable de prévoir notre destin.

Où trouverait-on, même chez Agrippa d'Aubigné, une matière poétique d'un grain plus dur, et en même temps plus irradiée ? Si Ronsard se réfère à Nostradamus à cinq reprises entre 1556 et 1578, on peut imaginer que le poète autant que le faiseur d'oracles a retenu son attention.

Il serait aussi vain de récuser la poésie du voyant de Salon, sous prétexte que ses quatrains sont devenus la

LA RÉSISTANCE
DE L'HISTOIRE

■ *La Nouvelle Étoile apparue sous tous les climats du monde*, 1590. Gravure représenant l'apparition en novembre 1572 d'une supernova dans la constellation de Cassiopée. Paris, Bibl. nat. Bien que Ronsard n'ait pas explicitement fait allusion à l'apparition de cette étoile, on peut supposer qu'elle ne l'avait pas laissé indifférent, puisqu'on sait que dans son entourage l'événement avait frappé les esprits.

LA RÉSISTANCE
DE L'HISTOIRE

proie des charlatans, que d'écarter du revers de la main toute une partie de l'œuvre de Ronsard parce que nous ne croyons plus à l'occultisme.

Une mentalité aussi étrangère à la nôtre que celle de la Renaissance ne peut être comprise que comme une structure totale. C'est justement parce que les répulsions rationalistes ont mutilé nos anthologies que certains des aspects les plus remarquables de la poésie de Ronsard sont enfouis dans l'ombre.

Car le fatalisme astral n'est pas, chez l'auteur des *Hymnes*, affaire de circonstances ou de croyances : c'est lui qui fait déboucher dans les vers de la maturité un grand souffle cosmique jusque-là inconnu en France. Les astres de Ronsard ne sont pas des abstractions d'astrologues, ses influx ne sont pas de vulgaires causalités. De même qu'il a su donner vie à la médecine amoureuse d'Ovide et lui conférer une sorte de réalité supérieure, par le truchement des étoiles et du Destin, Ronsard peut donner le frisson de la vie universelle et nous communiquer une sorte de vertige en nous plongeant dans les profondeurs d'une vision du monde dont il avait commencé par n'offrir que la surface. Écoutons-le, dans son admirable *Hymne aux étoiles*, évoquer les astres qui commandent aux marées, aux saisons et aux destins des hommes :

> De là, les semences des fleuves
> Sortent et r'entrent dans la mer ;
> De là les terres font germer
> Tous les ans tant de moissons neuves
> […]
> En vain l'homme de sa priere
> Vous tourmente soir et matin :
> Il est trainé par son Destin
> Comme est un flot de sa riviere
> […]
> Je vous salue, heureuses flames,
> Estoiles, filles de la Nuit,
> Et ce Destin, qui nous conduit,
> Que vous pendistes à nos trames.

Ces beaux vers, dont la densité vibrante s'impose avec une calme autorité, nous font entrevoir un univers dans lequel les rapports entre l'homme et la Nature sont à peu près l'inverse de ce qu'ils seront chez les romantiques. Au lieu de projeter sur le monde extérieur une affectivité indiscrète ou d'anthropomorphiser les éléments, Ronsard offre la terre, l'eau et les hommes aux rigueurs de la majestueuse indifférence du cosmos ; et de même que dans les orgies des Romains l'intervention macabre d'un crâne ou du *memento mori* stimulait l'appétit de jouissance, les effluves glacés de l'irrévocable libèrent chez l'auteur des *Hymnes* un sentiment de l'existence d'une imprévisible intensité.

Signe des temps. À mesure que s'affirment les résistances de l'histoire, le poète se retire peu à peu du théâtre héroïque de sa jeunesse, peuplé de surhommes plus forts que les dieux et de femmes divinisées, pour devenir le chantre de la fatalité et nous faire partager l'amère exaltation qui l'envahit quand il veut poser sur les choses le regard même du destin.

■ René Boyvin, *Muse jouant d'un instrument de musique*, d'après Luca Penni. Paris, Bibl. nat.

La Résistance des Formes

Dans le domaine des formes comme dans les autres, Ronsard commence dans la vie avec la certitude que les solutions définitives sont en vue. Ses idées et ses attitudes, malgré quelques nuances, sont celles des milieux humanistes, que la préface de Peletier du Mans à *L'Art poétique* d'Horace et la *Défense et illustration* de Du Bellay ont exposées à quatre ans d'intervalle : enrichissement de la langue, commerce des Anciens, recours aux grands modèles. Ce que ces deux auteurs ne disent pas – car il s'agit d'une croyance trop généralement reçue chez les humanistes pour avoir besoin d'être formulée –, c'est que leur respect pour les grands modèles implique l'existence de normes objectives de la beauté. Plus clairement conscient que les Français des attaches néoplatoniciennes de cette esthétique, Bembo, un des Italiens les plus admirés de Ronsard, précisait dans une lettre à Pico : « Je pense que, tout comme il y a en Dieu une certaine *forme* divine de la justice, de la tempérance et des autres vertus, il

LA RÉSISTANCE
DES FORMES

s'y trouve aussi une certaine forme divine du style accompli, un modèle absolument parfait qu'avaient en vue, autant qu'ils le pouvaient par la pensée, et Xénophon, et Démosthène, et Platon surtout, et plus que tout autre Cicéron, quand ils composaient les uns et les autres. À cette image conçue dans leur esprit ils rapportaient leur génie et leur style. J'estime que nous devons faire comme eux : tâcher de nous rapprocher de notre mieux et le plus près possible de cette image de la Beauté. »

Nous voilà loin de l'interprétation scolaire de la théorie de l'imitation. La brigade du Coqueret n'en est plus à croire, comme la génération précédente, à la vertu magique des langues anciennes. Les régents d'université y croient encore, ce qui leur vaut les sarcasmes de Du Bellay : « Toutes les langues sont d'une même valeur », affirme la *Défense et illustration*. Nous avons moins de culture et une intelligence moins fertile que les Grecs

■ Intérieur de la chapelle du château d'Anet : la coupole.

pour beaucoup de raisons, mais « la principale, c'est l'estude des langues grecque et latine. Car si le tens que nous consumons à apprendre les dites langues estait employé à l'étude des Sciences, la nature certes n'est point devenue si brehaigne qu'elle n'enfantast de nostre tens des Platons et des Aristotes ».

LA RÉSISTANCE DES FORMES

Faut-il donc délaisser les langues mortes ? Non, car les Arts et Sciences sont « pour le present » entre les mains des « Grecs et Latins. Mais il se devroit faire à l'avenir qu'on peust parler de toute chose, par tout le monde, et en toute Langue ».

Soumettons-nous donc aux Anciens pour libérer plus vite nos neveux, le temps de retrouver les secrets perdus et de faire passer dans les lettres françaises la moelle de la culture antique. « D'une langue morte l'autre prend vie », concluait Ronsard au terme de sa préface *Au lecteur apprentif*.

Pour cette génération de jeunes conquistadores des lettres qui rêvent non seulement d'égaler mais de dépasser les Anciens, le temps viendra où, nouveaux classiques, leurs œuvres remplaceront celles des Grecs et des Romains. Et Du Bellay prévoit déjà : « J'entens bien que les proffesseurs de Langues ne seront pas de mon opinion. » Mais « pour le présent », il faut à tout prix retrouver les archétypes de la beauté, et, dans cette recherche, les Anciens sont irremplaçables. En mettant ses pas dans les leurs, peut-être retrouvera-t-on leurs secrets, avec cette « forme divine du style » dont les poètes de l'âge d'or hellénique avaient eu l'intuition.

Les cinq livres des *Odes* marquent cette période d'expériences. On y trouve la ferveur, la verdeur, la raideur des œuvres de jeunesse, avec des échecs moins nombreux, des réussites plus éclatantes qu'on ne l'a dit. Quand on relit l'*Ode à Michel de l'Hospital*, *Avant-venue du printemps*, l'*Ode de l'été* (voir p. 118) ou les admirables odes magiques des livres II et III, on reste confondu devant l'éblouissante maîtrise de ce poète de vingt-cinq ans.

Mais a-t-il retrouvé les secrets de Pindare ? C'est sur ce point que Ronsard a été le plus discuté. On a dit que

LA RÉSISTANCE
DES FORMES

la division de certaines odes en strophes, antistrophes et épodes était un exemple de transposition artificielle, puisque, à la différence des odes de Pindare, les siennes n'étaient pas destinées aux chœurs. Ce reproche repose sur un malentendu. Car non seulement Ronsard destinait ses odes à la musique, mais nous avons la partition chorale de Goudimel pour l'*Ode à Michel de l'Hospital*, et quelques autres partitions dont l'une de Goudimel et l'autre de Nicolas de la Grotte pour l'*Ode à Catherine de Médicis* et l'ode *Comme un qui prend une coupe*, toutes odes pindariques.

Ajoutons que des générations de professeurs ont voulu donner des leçons de style à Ronsard, en expliquant ce qu'il aurait dû faire au lieu de se fourvoyer dans le lyrisme grec, les rythmes qu'il aurait dû choisir. Il a, dit gravement Laumonier, « employé de petits vers légers pour exprimer des pensées graves, qui demandaient au moins le décasyllabe ; inversement des décasyllabes et des alexandrins pour exprimer des pensées joyeuses qui demandaient de petits vers. Il a recouru à des rythmes sautillants pour développer des sentiments calmes et nobles ».

On reste confondu devant une telle méconnaissance des structures poétiques. Pour l'éminent professeur, le rythme se réduit à la métrique, laquelle a pour fonction de « traduire » des pensées et des sentiments. Sully Prudhomme composait peut-être ainsi, mais pas Ronsard, et la structure rythmique d'un poème ne peut se confondre avec sa métrique : elle est faite de rythme intérieur, de rapports de valeurs et de timbres, et d'un tempo qui peut fort bien être lent, même avec des vers courts. Qui pourrait prétendre que les heptasyllabes de l'*Ode au duc d'Orléans* ont un rythme « sautillant » ?

> Ceux qui sont sous le resveil
> Du soleil
> Ceux qui habitent Niphate,
> Ceux qui vont d'un bœuf suant
> Remuant
> Les gras rivages d'Euphrate.

Les vers de l'*Ode à Cupidon* sont encore plus courts, et le tempo encore plus lent :

■ Frontispice des *Œuvres revues et augmentées* (1609). Paris, Bibl. nat. Ronsard, couronné par Homère et Virgile, est consacré comme grand poète français.

LA RÉSISTANCE
DES FORMES

> Le jour pousse la nuit
> Et la nuit sombre
> Pousse le jour qui luit
> D'une obscure ombre.

Dans ces vers, qui ne sont pas destinés à être effleurés des yeux mais prononcés par des bouches humaines et chantés, on voit le rôle retardateur des syllabes longues, des consonnes qui engluent les lèvres, des voyelles et des nasales sourdes. On trouverait, inversement, dans ces fleuves d'alexandrins que sont les *Hymnes* maints exemples d'accélération subite indétectable à l'œil. Ainsi la tempête de l'*Hymne de Pollux et de Castor* :

> Le mast se fend en deux, et l'antenne cassée
> Tombe avecque la hune à morceaux despessée ;
> Le gouvernal se froisse, et le tillac, dessus
> Et dessous, est remply de larges flots bossus.
> Le Tonnerre ensouffré s'esclate de la nüe,
> Un esclair, qui scintille à longue pointe aiguë,
> Fait un jour incertain du milieu de la nuit.

Ce ne sont pas seulement les rejets, les syncopes, les césures déplacées qui font courir l'alexandrin à bride abattue, mais la façon dont les rythmes s'appuient sur des relais phonétiques et dont l'image se propage par nappes dans les mots. C'est grâce à cette intime union entre ce qu'un musicien appellerait le contrepoint et l'harmonie que les possibilités d'énergie qui sommeillent dans l'alexandrin sont libérées, que le vertige du roulis nous gagne, que l'éclair nous éclate aux yeux. La tempête ici n'est pas décrite, elle est manifestée.

Mais la dynamique interne du vers de Ronsard échappe aux critériums de magister. Laumonier, quand il veut essayer de comprendre, en revient toujours aux explications extérieures. La prédominance des vers courts dans les *Odes* ? Simple « impression toute visuelle produite [...] par la disposition typographique du texte grec » de Pindare dans les éditions de la Renaissance : hypothèse d'érudit, mais qui ne tient pas compte d'un certain nombre de données concrètes de la vie des formes. Avant qu'il ne fût question de pindariser en français, Thomas Sébillet, dans son *Art poétique* de

■ École française, XVIᵉ siècle. *Bal à la cour des Valois* (détail). Rennes, musée des Beaux-Arts. Pour Ronsard, musique et poésie sont intimement liées. Le premier livre des *Amours* était suivi d'un supplément musical qui permettait de chanter tous les sonnets. C'est certainement l'une des causes du succès du recueil, la musique étant à la Renaissance une composante essentielle de la vie de cour.

1548, précisait que les vers de l'ode doivent être courts pour des raisons de commodité musicale : « Les plus courts et petits vers y sont plus souvent usités et mieux séans à cause du luth, ou autre instrument semblable, sur lequel l'ode se doit chanter. Aussi *la matière suyt l'effet de l'instrument.* »

LA RÉSISTANCE DES FORMES

Ce texte a le mérite de nous faire mesurer à quel point les problèmes de la forme et ceux de l'harmonisation sont liés : les confusions entretenues sur les seconds ne

LA RÉSISTANCE
DES FORMES

pouvaient qu'obscurcir les premiers. Car entre les vers de Ronsard et la musique il n'y a pas une, mais au moins trois ou quatre combinaisons possibles :

– Le *commentaire madrigalesque*, dont on trouve les exemples les plus caractéristiques dans les compositions de Roland de Lassus, d'Antoine de Bertrand, de Claude Le Jeune sur les sonnets des *Amours* et de *La Continuation des Amours*. Chaque vers est commenté mot à mot par une polyphonie subtile et beaucoup trop complexe pour être transposable en chanson monodique accompagnée au luth. De telles compositions sont destinées aux concerts, et présentent des difficultés d'exécution qui les réservent à des musiciens de métier.

– La *déclamation chantée accompagnée au luth*. C'est la combinaison adoptée par les Italiens de l'académie florentine comme seule conforme aux traditions de la musique antique. C'est à elle que fait allusion Thomas Sébillet dans le texte cité plus haut. Plus proche qu'aucun autre des traditions de l'humanisme italien, Pontus de Tyard, à la fin du *Solitaire premier*, prend son luth sur l'invitation de Pasiphaé, « en esprouve les accords » et chante une ode en s'accompagnant. Daurat ne fait pas autre chose, au cours du *Folâtrissime voyage d'Arcueil* (voir p. 29), et le rival de Ronsard à la cour, Mellin de Saint-Gelais, avait dû ses succès à sa voix autant qu'à ses vers. Baïf, Olivier de Magny, Tahureau font le même usage du luth. On comprend mieux ainsi la phrase de Sébillet, et l'insistance de Ronsard, dans sa préface aux *Odes*, sur « l'usage de la lire aujourd'hui ressuscitée en Italie, laquelle lire seule peut et doit animer les vers, et leur donner le juste poi de leur gravité ». D'où son insistance à réserver le mot « lyrique » aux vers courts destinés à être accompagnés par un instrument à cordes pincées. « Et pour ce, conclut-il dans son *Art poétique*, quand tu les appelleras lyriques, tu ne leur feras point de tort. » Aussi un poète ne peut-il mieux vérifier ses vers qu'en les chantant à mesure qu'il les écrit : Ronsard lui conseille « de hautement prononcer tes vers en ta chambre, quand tu les feras, ou plus-tost les chanter, quelque voix que tu puisses avoir, car celà est bien une des principales parties que tu dois le plus curieusement observer ».

Les toutes premières odes de jeunesse – plusieurs d'entre elles sont antérieures à la période du Coqueret – ne sont pas « mesurées à la lyre » et l'auteur s'en excuse dans la préface. Plus tard, il les reléguera dans *Le Bocage royal* comme indignes de figurer au milieu de véritables compositions « lyriques » dans lesquelles chaque strophe doit avoir même structure pour être chantée sur le même air.

Mais qui les chantera ? Le poète lui-même est le meilleur interprète, mais à la différence de Daurat et de Mellin de Saint-Gelais dont la voix d'or était si admirée, Ronsard a une mauvaise voix. Il le sait, et il ne s'est jamais risqué dans une interprétation publique. Dans le combat qui s'engage avec le clan des poètes de cour, au moment de la publication des *Odes*, il part avec un handicap. C'est peut-être le sentiment de cette infériorité et les impératifs de la compétition qui l'ont poussé à se tourner très vite vers la solution suivante.

– L'*ode polyphonique*. Les partitions composées par Goudimel et Nicolas de la Grotte sur plusieurs odes n'ont rien de commun avec les commentaires madrigalesques de la première catégorie. Il n'y a plus ici de commentaire musical mot à mot : le compositeur se contente d'harmoniser la première strophe et la première épode, les autres strophes et les autres épodes devant être chantées sur la même musique. La structure de l'ode pindarique est ainsi soulignée.

Présentée à la cour en grande pompe, avec son revêtement choral et les effets puissants de la polyphonie, l'ode ronsardienne devait avoir grande allure ; les rapsodies de Mellin ne pouvaient que souffrir de la comparaison et paraître un peu grêles.

– Le *placage d'une partition à quatre voix* sur une série de sonnets ayant même structure. C'est par le supplément musical au *Premier Livre des Amours* que Ronsard inaugure cette nouvelle technique, rendue possible par

LA RÉSISTANCE
DES FORMES

la normalisation des types de sonnets. Les modalités d'alternance des rimes masculines et féminines des quatorze vers du sonnet sont si nombreuses que le poète peut les multiplier à l'infini : le seul recueil de *L'Olive* ne compte pas moins de soixante-dix combinaisons différentes. Ce sont ces combinaisons que Ronsard va ramener à quatre, selon que le sonnet commence par un vers masculin ou féminin, et que les rimes des tercets sont croisées ou embrassées. Les quatre partitions « faciles » écrites par Janequin, Muret, Goudimel et Certon vont donc permettre aux acheteurs du supplément musical de chanter n'importe quel sonnet des *Amours*.

Ce compromis, qui heurte nos habitudes les plus enracinées, a valu à Ronsard la réprobation générale des historiens de la musique, réaction un peu naïve si l'on songe qu'elle est fondée sur la croyance aux équivalences de signification entre le langage poétique et le langage musical. On oublie que les compositeurs qui ont à leur actif les plus belles réussites de transposition expressive ont moins d'illusions qu'on ne le croit sur les limites de leur art. En écoutant certains des plus beaux airs de *La Passion selon saint Matthieu*, qui pourrait mettre en doute que Bach les a pieusement écrits note par note pour le texte de la Passion et pour lui seul ? C'est pourtant un fait qu'il s'était servi du même air dans la *Cantate d'Hercule*, sur des paroles qui n'ont rien d'évangélique, conformément aux usages et tolérances qui ont si souvent conduit les musiciens à utiliser un air profane pour un texte religieux ou un air religieux pour un texte profane. Roland de Lassus n'a-t-il pas eu la surprise de voir une de ses chansons polyphoniques les plus lestes, *Un jeune moine est sorti du couvent*, transformée par des mains pieuses en un cantique protestant sur les paroles : « Quitte le monde et son train décevant » ?

Plus résignés que nous aux ambiguïtés du langage musical, les premiers collaborateurs de Ronsard, qui étaient très capables – ils l'ont montré par ailleurs – d'écrire des versions madrigalesques extrêmement raffinées, n'en étaient pas moins prêts à recourir, quand il le fallait, à une technique moins ambitieuse et plus grossière, mais peut-être plus proche de la réalité des rapports entre musique et poésie, en limitant leur objectif à des transpositions de structure à structure.

LA RÉSISTANCE DES FORMES

Les *Odes* avaient rapporté au poète un succès de curiosité, on peut même dire de scandale, mais le vrai triomphe n'arrive qu'en 1552, avec la publication des *Amours*. La musique y était pour quelque chose. La première édition n'était pas encore épuisée que l'éditeur devait faire un second tirage du supplément musical. Les versions de Janequin, Certon, Goudimel et Muret avaient – à la différence des partitions écrites pour les *Odes* – une simplicité d'écriture et de rythme qui facilitait le dégagement de la voix principale et la transposition pour chant et luth. Tout acheteur du recueil, pourvu de l'éducation musicale que se piquaient d'avoir les gens de cour, pouvait donc chanter les sonnets de son choix. Avantage non négligeable, dans cette Europe de la Renaissance où la musique est tellement associée à la vie noble que la présence de chanteurs ou d'instrumentistes est l'indispensable accessoire de toute évocation d'entourage princier, comme on le voit dans les comédies de Shakespeare. Les courtisans d'Henri II et d'Henri III se piquent d'imiter l'allure des gentilshommes italiens décrits par l'Arétin dans les *Ragionamenti*, affublés de « capes de velours et satin, la médaille à la toque, la chaîne d'or au cou, montés sur des chevaux luisants comme des miroirs, tenant l'étrier du bout de la semelle, leur Pétrarque à la main, et chantonnant avec grâce :

> Si ce n'est de l'amour, qu'est-ce donc que je sens ? [...] »

Après son double succès de poète et de chansonnier, Ronsard peut se prétendre sans exagération le Pétrarque français. Il est l'auteur d'un livre avec lequel on aime se montrer à la cour et à la ville, et il est pour moitié dans les chansons que les élégants ont sur les lèvres. On rapporte que, quelques minutes avant de tomber dans le guet-apens fatal, le duc de Guise traversait la cour du

LA RÉSISTANCE
DES FORMES

château de Blois en fredonnant une chanson de Ronsard. C'est à de tels détails qu'on mesure la portée du coup d'audace de 1552 : il a ouvert à cette poésie raffinée et d'abord difficile l'accès d'un public frivole, qui avait commencé par rire des *Odes*, par renâcler devant l'hermétisme des sonnets à Cassandre, mais qui finit par les chanter.

Soutenu autant que lié par la musique et par la rigidité renforcée des formes qu'elle impose, Ronsard est également soutenu par les schémas structurels mis au point par la tradition pétrarquiste. C'est chez Pétrarque et Bembo qu'il a appris l'art d'attaquer un sonnet, d'aménager un thème, de préparer la chute du dernier vers, de moduler d'une certaine manière les exclamations, les énumérations, les soupirs. Mais il suffit de mettre côte à côte les modèles italiens, les versions des pétrarquistes français et celles de Ronsard pour mesurer les différences. Dans son livre sur *La Création poétique au XVIe siècle en France*, Henri Weber a multiplié les généalogies de thèmes qui permettent de suivre, à travers les siècles, la métamorphose des images. Ainsi le merveilleux sonnet du Chevreuil, dans les *Amours de Cassandre*, arrive au terme d'une série de variations qui s'échelonnent depuis Virgile jusqu'à Bembo. C'est Bembo que Baïf et Ronsard suivent de plus près :

> *Si come suol, poi che'l verno aspro e rio*
> *Parte e dà loco a le stagion migliori,*
> *Gioven cervo uscir col giorno fuori*
> *Del solingo suo bosco almo natio [...]*

Baïf le suit avec lourdeur et pas à pas :

> Comme quand le printemps de sa robe plus belle
> La terre parera, lors que l'hiver départ,
> La biche toute gaye à la lune s'en part
> Hors de son bois aimé qui son repos recele.

Le troisième vers est exquis, mais les deux premiers sont tellement pâteux, et la réussite du démarrage a une telle importance dans l'économie du sonnet, que tout est compromis par le mauvais départ. Quel contraste avec le merveilleux quatrain de Ronsard qui tire d'une image usée

> 214　　　ODES
>
> *Son riz (ains vne Meduse)*
> *Qui tout me va transformant!*
>
> *Amour, qui le cuœur me ronge*
> *Pour redoubler mon esmoy,*
> *Ceste nuict trois fois en-songe*
> *L'a faicte apparoistre à moy.*
>
> *Las, mais elle accoustumée*
> *De me retromper souuent,*
> *Me fuit comme vne fumée*
> *Qui se iouë auec le vent.*
>
> Fin du cinqiesme liure des odes de P. de
> Ronsard Vandomoys.
>
> ## Les Bacchanales.
> Ou le folastrissime voyage d'Hercueil
> pres Paris, dedié à la ioyeuse
> trouppe de ses compaignons.
> Fait L'an 1549.
>
> *A*Mis, auant que l'Aurore
>   *Recolore*
> *D'vn bigarrement les cieux,*
> *Il fault rompre la paresse*
>   *Qui vous presse*
> *Les paupieres sus les yeulx.*
> *Dormez donc or que la Lune,*
>   *La nuict brune*
> *Traisne de ses noirs cheuaux,*

■ Une page du cinquième livre des *Odes* (1552). Paris, Bibl. nat. Les *Odes* eurent un succès de curiosité, et attirèrent l'attention sur Ronsard.

un tableau de chasse d'une fraîcheur et d'une intensité si frappantes qu'on en oublie la présence d'une métaphore :

> Comme un chevreuil, quand le printemps destruit
> Du froid hiver la poignante gelée,
> Pour mieux brouter la fueille emmiëlée,
> Hors de son bois avec l'Aube s'enfuit […].

Il suffit de comparer les trois textes pour voir que les trouvailles poétiques sont toutes de Ronsard : l'image du chevreuil qui s'impose dès les trois premiers mots, la *poignante gelée* et la *feuille emmiëlée* qui s'adressent à nos sens pour nous faire éprouver d'une manière presque physique le passage de l'hiver au printemps, la galopade évoquée par le rejet au bout du dernier vers du verbe, dont l'association délectable avec *aube* ménage une succession de voyelles d'abord fermées puis progressivement ouvertes, tout conspire à donner à l'orchestration des images, des schémas rythmiques et des phonèmes une puissance de suggestion dont ni Baïf ni Bembo n'offraient l'équivalent.

Pétrarque lui-même ne supporte pas toujours la comparaison. Après avoir lu l'admirable sonnet de Ronsard à Sinope :

> Quand ravy je me pais de vostre belle face,
> Je voy dedans vos yeux je ne sçay quoy de blanc,
> Je ne sçay quoy de noir qui m'esmeut tout le sang,
> Et qui jusques au cœur de veine en veine passe.

Qu'on se reporte au prototype de Pétrarque. On chercherait en vain les traces du double *Je ne sçay quoy* à cheval sur deux vers qui donne au quatrain son frémissement sensuel. À sa place, une mention banale et un peu mièvre du « *bel dolce suave bianco e nero* », rien qui fasse prévoir la tension savamment préparée par la coupe des deux derniers vers, l'emploi en cascade du mot *veine*, le retard du verbe rejeté à la fin et qui, du fait de sa longueur de tenue et de sa sonorité, prend une allure de point d'orgue.

On pourrait multiplier à l'infini les exemples de prétendues sources de Ronsard qui n'expliquent rien de Ronsard. Même quand il lui arrive d'emprunter à un modèle grec, italien ou latin les thèmes, les images, l'enchaînement des idées et les mots – ce qui arrive moins souvent que Laumonier ne le laisse supposer –, il utilise les matériaux avec une telle indépendance, en les redistribuant avec une telle maîtrise sur des champs magnétiques inconnus de ses prédécesseurs, qu'on en vient à comprendre le mot de Claude Binet : « Quant à l'art, il n'en doit rien aux Anciens. » Avec plus de nuances, l'humaniste Étienne Pasquier, qui connaissait mieux qu'au-

■ *La Forêt*.
Gravure de Mignon,
XVIe siècle. Paris,
Bibl. nat.

Comme un chevreuil,
  quand le printemps
  destruit
Du froid hiver la
  poignante gelée...

cun autre ses classiques et pour qui l'œuvre de Ronsard n'avait pas de secret, aboutissait aux mêmes conclusions : « S'il emprunta quelques belles inventions à Virgile, il les luy paya sur-le-champ à si haut interest qu'il semble que Virgile luy doive quelque chose de retour. »

C'est dans la mesure même où il réussit à couler sa poésie dans les formes fixes du sonnet que Ronsard finit par les faire éclater. Au terme de la longue série de triomphes qui va des sonnets à Cassandre à la *Nouvelle Continuation des Amours*, il est passé maître dans l'art de superposer dans un même ensemble deux structures : la structure externe, donnée par la tradition pétrarquiste, et une structure interne qui ne se répète jamais. L'étincelle poétique jaillit souvent du frottement entre les deux. Et il suffit de lire Olivier de Magny pour voir à quel point les sonnets construits de l'extérieur peuvent dégénérer en mécanismes tournant à vide.

La tentation n'en était que plus forte de desserrer un jour les contraintes, d'essayer de tout construire de l'intérieur, de travailler sur une matière moins rétive, et de

■ Double page
suivante : Nicolo
Dell'Abate,
Le Battage du blé,
XVIe siècle.
La précision avec
laquelle Ronsard
a décrit ces scènes
champêtres révèle
son enfance
bucolique. Paris,
musée du Louvre.

LA RÉSISTANCE DES FORMES

brasser à cœur joie de grandes laisses d'alexandrins. C'est ce que Ronsard va faire avec les *Élégies*, les *Hymnes*, les *Poèmes* et les *Épitaphes*. Plus d'architectures typographiques en blanc et noir, plus de symétries savantes à l'usage des maîtres de musique. L'alexandrin lui-même voit ses limites bousculées par les rejets, les ruptures de rythme et les articulations du discours, les *si*, les *et*, les *mais* qui jalonnent à travers des pages entières l'organisation de vastes espaces verbaux et qui sont pour le phrasé poétique, remarque très justement Marcel Raymond à propos de l'*Élégie à Marie Stuart*, l'équivalent de ce qu'est le *legato* ou le *rubato* pour le musicien. De sorte qu'en « éludant le stade de la forme fermée, tectonique, le poète glisse inconsciemment du principe encore médiéval de la juxtaposition des parties vers un mode de structure ouverte assez indéterminé, qu'on pourra dire pré-baroque ».

Cette indétermination est d'ailleurs loin d'abolir toute idée de structure : les schémas dynamiques dont nous avions vu, dans les sonnets, la coexistence avec les moules métriques, se déploient en pleine liberté, mais ils s'appuient sur des périodes-phrases qui chevauchent les périodes-vers, ou sur des relais de phonèmes, ou sur des suggestions visuelles qui se propagent en ondes concentriques. Dans l'*Élégie à Marie Stuart* (voir p. 149) c'est l'idée de blancheur qui passe du front de la reine à ses mains, à sa gorge, à son voile de deuil royal, puis à la voile du bateau qui la reconduit en Écosse, et à l'écume des vagues. Dans l'*Épitaphe d'Antoine Chasteigner de la Roche-de-Posé* (voir p. 153), l'ami de cœur mort à vingt ans au siège de Thérouanne, c'est la répétition des mots *toi* et *moi* qui crée une obsédante progression et s'enlace autour du jeune mort ; dans l'*Épitaphe de Artuse de Vernon* (voir p. 156), c'est la sonorité d'un prénom qui suscite en échos une fée, une source, une fontaine, un mot attirant l'autre par une sorte d'attraction humide.

L'art du poète, dans sa période de maturité, n'est pas celui de l'architecte qui pose une pierre sur une autre pierre : il procède à la manière des croissances végétales.

De même que l'amour, chez lui, finit toujours par une référence à l'élan vital, au printemps des bourgeons qui éclatent, l'art s'identifie par mimétisme à l'activité d'une nature bruissante et foisonnante, qui n'a que de lointains rapports avec la nature mathématicienne et froidement modérée qu'imagineront les hommes du XVIIe siècle, à l'époque de la physique mécaniste. La nature de Ronsard, comme celle de Rabelais, est une force en expansion, et c'est à elle qu'on a recours pour justifier l'effervescente irrégularité des *Odes* dans la préface de 1550 :

> Nulle Poésie se doit louer pour accomplie, si elle ne ressemble la nature, laquelle ne fust estimee belle des Anciens, que pour estre inconstante et variable en ses perfections.

Simple affirmation isolée dans de longs développements, mais reprise avec insistance plus tard : « Tu imiteras les effets de la nature en toutes tes descriptions », dit-il dans sa préface *Au lecteur apprentif* en s'appuyant sur des exemples tirés d'Homère, dont l'œuvre sert ainsi de garant à une esthétique baroque fondée sur la mobilisation simultanée des sens, sur l'accumulation des détails concrets et des termes visuels, sur un dynamisme verbal inspiré et conduit « plus par fureur divine que par invention humaine ».

Le contraste n'en est que plus fort avec les *Sonnets pour Hélène* et les *Derniers Sonnets*, miraculeuse fin d'automne d'une vie déjà si féconde, œuvres d'un âge que Ronsard n'avait pas toujours jugé propre à la création poétique. N'avait-il pas déclaré, au temps de sa jeunesse pétulante, que la poésie était un art de jeune homme et que l'inspiration refroidissait avec le sang ? Imprudente généralisation que ses adversaires ne manqueront pas, à l'heure des polémiques, de renvoyer à la figure du poète, si vulnérable, malgré ses airs fanfarons, et si prêt à se laisser convaincre. De temps à autre, il sonne son propre glas. L'inspiration, s'écrie-t-il, s'est desséchée en même temps que la jeunesse et le goût des amours. En 1560, il confie au cardinal de Lorraine :

LA RÉSISTANCE DES FORMES

LA RÉSISTANCE
DES FORMES

> Plus Phœbus ne me plaist, ny Venus la Deesse
> Et la Grecque fureur qui bouillonnait autour
> De mon cœur, qui estoit son fidele sejour,
> Comme vin escumé sa puissance rabaisse.

À la même époque, il dit au conseiller du roi Troussily :

> Ainsi qu'un rossignol tiendra sa bouche close,
> Qui pres de ses petits sans chanter se repose,
> Au rossignol muet tout semblable je suis,
> Qui maintenant un vers desgoiser je ne puis.

Lorsqu'il écrit ces vers désabusés dans *Le Bocage royal*, il n'a que trente-six ans. Il n'a encore écrit ni les *Élégies*, ni les *Discours*, ni les *Poèmes*. Il n'a pas cinquante ans quand il envisage une retraite de demi-solde :

> [...] comme un vieil Morte-paye
> Qui renferme sa vie en quelque vieil chasteau
> Paresseux, accrochant ses armes au rasteau,
> Au païs inutile, et vaincu de paresse [...].

Il lui reste pourtant à écrire l'*Hymne des Étoiles*, les *Sonnets pour Hélène* et les *Derniers Sonnets*. De telles crises de découragement surviennent à la fin des cycles, au terme de l'ère des sonnets à l'italienne, et à l'heure où les vastes coulées de lave de la période baroque commencent à se refroidir. Ce sont les moments où le poète affronte avec terreur et délices la résistance de la matière verbale. Une fois passés les premiers vertiges, il prend goût à la lutte. Il s'accroche, il s'acharne, avec une passion qu'aucun poète français n'avait déployée avant lui pour de telles causes. Aucun essai ne lui fait peur, et la diversité des expériences, les spectaculaires changements de manières, les frénétiques remaniements de textes à chaque réédition des *Œuvres*, tout porte témoignage d'un corps à corps interminable avec le verbe.

C'est cet affrontement qui a fait Ronsard. C'est lui, plus que la surdité, qui l'a tourné vers l'intérieur, libéré des modes, hissé au-dessus des sectes. S'il était mort au lendemain des *Amours de Cassandre*, il resterait quand même l'expression éclatante et particulièrement vigoureuse de l'humanisme poétique du milieu du siècle. Dix ans plus tard, il est déjà beaucoup plus. Encore quinze ans, et voilà qu'après avoir parcouru tous les circuits de l'esthétique baroque, il nous donne avec *La Fontaine d'Hélène* (voir p. 161) les stances pré-raciniennes les plus miraculeusement belles du répertoire français. Il est devenu ce vieillard émouvant qui a survécu à ses sens et retrouvé une personnalité seconde dans l'univers verbal qu'il a créé,

> [...] ceste voix sans corps qui rien ne sçaurait taire,

le Prospero retranché du monde qui, sur son lit de mort, dicte encore ses derniers sonnets, et retrouve l'accent de Villon.

La résistance des formes et celle de l'histoire ne lui ont pas seulement permis d'individualiser son art, qui ne ressemble à celui d'aucun Français et d'aucun Italien de la Renaissance. Elles ont construit sa personnalité. Elles lui ont apporté ce joug dont parle Rilke : « Sous quoi nous mûrirons pour lutter avec lui. »

Ronsard et les Dieux

La mythologie de Ronsard n'a pas fini de dérouter. Les contemporains de Boileau la trouvaient indécente et obscure, ceux de Sainte-Beuve en faisaient un attribut de pédanterie humaniste, et les nôtres, qui ne lisent plus Homère ni Virgile, ont perdu le chemin de l'Olympe. Autant de façons de méconnaître le problème. Au lieu de faire passer les dieux de Ronsard en jugement, mieux vaut comprendre ce qu'ils ont signifié pour lui.

Ce n'est pas que la position de Ronsard soit totalement originale. Elle n'est pas loin de celle des humanistes et des mythographes, dont Jean Seznec a fait une pénétrante analyse, et que le poète a connue par les livres, l'enseignement de Daurat et les conversations. Pour eux, la mythologie n'est pas l'expression spontanée de sentiments ou de phénomènes religieux, elle est un langage forgé par les « premiers poètes » qui ont inventé les dieux et leurs histoires pour exprimer et recouvrir un enseignement ésotérique. Plus tard, disent-ils, dans une société plus évoluée, les sages grecs ont pu communiquer en clair avec un petit nombre de disciples, mais à partir du moment où l'habitude de l'expression philosophique a ainsi été prise, les mythes, dont la fonction de véhicule désormais inutile s'est atrophiée, et dont les significations se sont peu à peu obscurcies, ont fait figure de fantaisies gratuites chez les uns et d'objet de croyance religieuse chez les autres. Pour les comprendre, l'humaniste doit donc remonter le courant,

■ École de Fontainebleau XVIe siècle. Peinture d'après une gravure de Giorgio Ghisi (détail : les musiciennes). Aix-en-Provence, musée Granet. Pour le néoplatonisme de la Renaissance, que partage Ronsard, le cosmos est *harmonieux* : Kepler, dans ses *Harmonices mundi*, propose une interprétation musiciale des distances des planètes.

partir à la recherche des secrets perdus, devenir fictivement contemporain d'Homère, d'Hésiode et d'Eschyle pour aller boire aux sources.

Cette recherche humaniste de la signification a beau se faire dans le cadre de la Renaissance, elle n'en est pas moins influencée, comme nous l'avons vu, par l'exégèse théologique et ses distinctions traditionnelles entre sens littéral, sens moral et sens mystique. Daurat avait habitué ses disciples à interpréter les poètes grecs de la haute époque sur ces trois plans, comme en témoigne le résumé d'une de ses leçons sur Homère transmis par l'humaniste Guillaume Canter, et largement cité par Pierre de Nolhac dans son beau livre sur *Ronsard et l'Humanisme*. Dans les aventures d'Ulysse, le maître du Coqueret voyait une image de la quête de la sagesse et du souverain bien, symbolisés par Pénélope et Ithaque, les naufrages représentant les épreuves initiatiques, et la lutte contre les prétendants la victoire sur les passions, l'ultime purification de l'initié. Les historiens de la littérature font habituellement des gorges chaudes de ce genre d'exégèse, sans voir ses parentés – malgré la différence de contexte et d'outillage mental – avec les recherches d'un James Joyce ou d'un Jung qui, au-delà du récit formel, sont à l'affût des significations inconscientes.

On s'est choqué aussi du confusionnisme religieux de Ronsard, qui compare Hercule au Christ dans son *Hymne à Hercule*, comme l'avaient fait avant lui Guillaume Budé, Boèce et tant d'autres. Faute de goût, dit-on, ou symptôme de paganisme larvé. Mais accusera-t-on de paganisme le poète catholique par excellence, Dante, qui dans *Le Paradis* fait une longue prière à Apollon, et dans *Le Purgatoire* ne craint pas de s'adresser à Jésus-Christ en ces termes :

> [...] souverain Jupiter
> Qui fus sur terre pour nous crucifié [...].

Dante ne fait ici que se conformer à des traditions très anciennes qui, au-delà de Boèce et du haut Moyen Âge, s'appuient sur l'épître de saint Jacques et Isaïe pour donner une interprétation figurée de l'histoire du monde, en se servant, quand il le faut, des symboles de l'ennemi. Pourquoi aurait-il montré à l'égard des figures païennes plus de réticences que les chrétiens des catacombes qui représentaient Jésus sous les traits du berger Apollon ou d'Orphée ? Comment s'étonner de l'étrange dialectique du traducteur français de Marsile Ficin, Guy Le Fèvre de la Boderie, qui exhorte les poètes à renoncer aux muses païennes et les invite, en même temps, à suivre les traces du plus ancien des poètes grecs, Orphée, qui recevait son inspiration du même Dieu que David ?

Dès que le raisonnement par analogie est devenu partie intégrante de l'exégèse biblique, dès que la conception néoplatonicienne de l'univers, considéré comme un grand mythe dont il faut retrouver la signification spirituelle, s'est infiltrée dans la théologie chrétienne, la porte a été grande ouverte à une acceptation de l'équivalence des symboles. Boccace résumait très bien la situation en disant, dans sa *Vie de Dante* : « La poésie est la théologie même, ou, pour parler plus justement, la chose qui lui ressemble le plus... Elles procèdent de la même manière dans leurs préceptes et peuvent, par conséquent, être assimilées l'une à l'autre. »

On ferait donc fausse route en parlant sans réserves du « paganisme » de Ronsard. L'univers dans lequel se meut l'auteur des *Hymnes* n'est pas différent de celui du néoplatonisme chrétien du début du siècle et, quand le poète abbé de Saint-Cosme affirme, dans son *Abbrégé de l'art poétique françois,* que « les Muses, Apollon, Mercure, Pallas, Venus, et autres deitez ne nous représentent autre chose que les puissances de Dieu, auquel les premiers hommes avaient donné plusieurs noms pour les divers effectz de son incompréhensible majesté », il n'est que l'écho d'une école de pensée qui a de fortes positions dans l'Église même, et qui annexe à la Bible Platon, Alexandrie, Florence et les dieux grecs.

Il est vrai que les dieux et demi-dieux de l'Olympe ne se prêtent pas tous aux assimilations chrétiennes. On peut traiter avec Jupiter, Apollon, Hercule, Orphée, mais

RONSARD ET LES DIEUX

■ Double page suivante : École de Fontainebleau. Fresques de la tour de la Ligue, château de Tanlay (vers 1500). Cette fresque s'inspire de l'*Hymne au roi Henri II* (1555). Ronsard comparait notamment Henri II à Jupiter.

RONSARD
ET LES DIEUX

■ Jacques Androuet du Cerceau, *Le Triomphe de l'Amour*. Paris, Bibl. nat. L'amour est pour Ronsard non un instinct greffé sur la nature humaine, mais l'élan même de la vie : dans les *Amours* chaque nuance du désir humain trouve son équivalent dans les forces naturelles.

que faire de Mars et de Vénus ? Que dire des déesses de la Terre et des Saisons qui tiennent une si grande part dans les *Hymnes*, divinités sexuelles qui nous reportent à une mythologie plus ancienne encore que celle des Grecs ? Dans l'*Hymne de l'Esté*, quand Nature fait les premières avances au Soleil en invoquant l'impuissance de son mari, le vieillard Chronos, elle excuse son impudeur par le rang même du dieu qui abolit les conventions morales :

> Soleil, de ce grand Tout, l'ame, l'œil et la vie
> Je suis de tes beautez en l'ame si ravie,
> Que tu me verras toute en larmes consommer,
> S'il ne te plaist guarir mon mal, qui vient d'aimer
> [...]
> De confesser son mal il n'y a point de faute,
> Car, plus le lieu qu'on aime est honorable et haut
> Plus l'excuse est louable et petit le defaut
> [...]
> Aux charmes, pour l'oster, j'ay mis ma fantaisie,
> Mais mon âme, qui vit de trop d'amour saisie,
> Refuse tout confort ; mon extreme Secours
> Est d'avoir, sans tarder, a ta grace recours,
> Et t'embrasser tout nud, pendant que la Nuict brune
> Conduira par le Ciel les chevaux de la Lune.

Dans ce milieu mythologique, les tabous sont ainsi levés plus facilement et joyeusement qu'ils ne le seraient en milieu historique, la libido déploie ses étendards, mais elle le fait en sorte que l'amour n'est plus traité en instinct honteux greffé sur la nature humaine, mais en élan biologique commun à la végétation, aux astres et aux espèces vivantes. L'homme et la création sont ainsi accordés à des lois semblables, et de même que, dans les *Amours*, chaque nuance du désir se cherche un équivalent dans les forces de germination de la nature, dans les *Hymnes* chaque stade du déroulement des saisons revêt une signification érotique.

Mais là encore, faut-il ne voir que paganisme renaissant ? La Nature de Ronsard, cette déesse euphorique et plantureuse qui maintient l'univers en état de création continue, n'est pas l'égale du Destin, comme le fait observer très justement Albert-Marie Schmidt, elle est sa servante. « En collaboration avec les astres, elle règle le placement des créatures sur terre, de façon à harmoniser entre elles leurs vertus et à résoudre dans le monde toute dissonance. Bref elle est l'ordonnatrice de l'âme du monde, agent des générations. »

Voilà qui nous rapproche singulièrement de la « forge de Nature » telle que l'avait présentée le livre le plus lu depuis deux siècles, *Le Roman de la Rose*, dont nous savons par plusieurs témoignages, dont celui de Binet, que Ronsard le connaissait à fond.

Or cette œuvre, la plus franchement érotique du répertoire médiéval, n'a jamais été condamnée par l'Église, ni du vivant du notable respecté et nanti qu'était Jean de Meung ni dans les années qui ont suivi sa mort. C'est à un chanoine de Valenciennes que l'on doit la version en prose, utile auxiliaire d'une diffusion qu'aucun obstacle n'a jamais entravée, et lorsque des rigoristes tels que Gerson ont voulu alerter l'opinion publique et la Faculté, ils n'ont réussi qu'à susciter à Jean de Meung de nouveaux défenseurs dans le camp des théologiens. Le succès a été durable. Plus de deux siècles après la mort de l'auteur, dans sa préface à la réédition de 1527, Clément Marot ne craint pas de conseiller l'application au *Roman de la Rose* de l'exégèse du *Cantique des Cantiques*,

RONSARD ET LES DIEUX et il estime que Jean de Meung « ne gettait pas seulement son penser et fantaisie sur le sens litteral, ains plus tost attirait son esprit au sens allégorique et moral, comme l'un disant et entendant l'autre ».

En parlant de paganisme renaissant, on trace donc une frontière imaginaire entre l'érotisme teinté de religiosité du Moyen Âge et ses développements ultérieurs, au risque d'appliquer à l'homme de la Renaissance des critères de religion et de morale qui ne sont pas les siens. Il faut attendre la Réforme et la Contre-Réforme pour voir placer aussi haut dans la hiérarchie du mal la complaisance aux faiblesses de la chair qui, pour un homme du Moyen Âge, ne s'identifie pas le moins du monde avec le paganisme. Quand le concile de Trente clôture ses travaux, Ronsard a déjà quarante ans. Il est l'homme d'une autre époque. On le lui fera sentir à la fin de sa vie, quand les pamphlets huguenots et ceux qui émanent de la bourgeoisie catholique lui signifieront brutalement que les temps ont changé et que la pudeur est en train de conquérir ses droits. Mais qu'ils soient huguenots ou papistes, les détracteurs de Ronsard se gardent bien d'opposer le poète des *Amours* à ses prédécesseurs. *Le Roman de la Rose* est encore entre toutes les mains, et la légende du « Moyen Âge ascétique » n'est pas encore mûre. Il n'était d'ailleurs pas besoin d'être grand clerc pour comprendre que l'art d'aimer du soupirant de Cassandre, d'Hélène et de Marie était infiniment moins grossier que celui de Jean de Meung, du *Roman de Troie*, d'*Amis et Amile*, et même de *Cligès* : le néoplatonisme lui avait donné des raffinements, une spiritualité, des perspectives philosophiques que les écrivains de notre Moyen Âge ignoraient.

Il lui avait permis, en outre, de situer le désir dans une synthèse universelle où les dieux, le destin, les astres, les forces de la vie et même les fantômes avaient leur place, synthèse dont nous pouvons sourire aujourd'hui, mais qui, pour un homme de la génération de Ronsard, avait le prestige et l'autorité qu'ont sur nos contemporains les systèmes scientifiques. Les démons

RONSARD ET LES DIEUX

de tous ordres, les muses, les esprits et les fées qui grouillent dans les poèmes de Ronsard n'ont souvent de commun avec leurs homonymes grecs et latins que le nom. Ne nous bornons pas à y voir des réminiscences littéraires. Quand le Ronsard de l'*Hymne des Daimons* nous met en présence des créatures extraterrestres qu'il croit avoir vues un soir, dans la campagne, lorsqu'il décrit leurs mœurs avec des minuties d'entomologiste, il ne se fait pas seulement l'écho de croyances populaires sur les revenants, universellement reçues à cette époque,

6 LES AMOVRS

Nature ornant la dame qui deuoyt
 De sa douceur forcer les plus rebelles,
 Luy fit present des beautez les plus belles,
 Que des mille ans en espargne elle auoyt.
Tout ce qu'Amour auarement connuoyt,
 De beau, de chaste, & d'honneur soubz ses ailles,
 Emmiella les graces immortelles
 De son bel œil qui les dieux emouuoyt.
Du ciel a peine elle estoyt descendue,
 Quand ie la vi, quãd mon ame esperdue
 En deuint folle: & d'vn si poignãt trait,
Le fier destin l'engraua dans mon ame,
 Que vif ne mort, iamais d'vne aultre dame
 Empraint au cuœur ie n'auray le portraict.

Dans le serain de sa iumelle flamme
 Ie vis amour, qui son arc desbandoit,
 Et sus mon cuœur le brandon espandoit,
 Qui des plus froids les moëlles enflamme.
Puis ça puis la pres les yeulx de ma dame
 Entre cent fleurs vn retz d'or me tendoit,
 Qui tout crespu blondement descendoit
 A flotz ondez, pour enlasser mon ame.
Qu'eussay-ie faict? l'Archer estoit si doulx,
 si doulx son feu, si doulx l'or de ses noudz,
 Qu'en leur filetz encore ie m'oublie:
Mais cest oubli ne me tourmente point,
 Tant doulcement le doulx Archer me poingt,
 Le feu me brusle, & l'or crespe me lie.

■ Une page des *Amours* (1552). Paris, Bibl. nat.

il les situe dans une vision du monde qui fait une place aux esprits, à mi-chemin entre les hommes et les astres. Car les astres du cosmos néoplatonicien ne sont pas des choses, ils sont des créatures célestes à qui le Créateur a délégué le pouvoir de déterminer dans une large mesure le destin. D'un bout à l'autre de cet univers hiérarchisé, les échanges sont constants, mais les intermédiaires les plus proches des hommes sont les démons. Certains sont méchants, d'autres simplement malicieux. Des dieux grecs inassimilables par la théologie nouvelle peuvent ainsi trouver refuge dans l'espace entre ciel et terre dévolu aux esprits errants : Neptune, moins heureux qu'Hercule et Jupiter, est ravalé au rang de mauvais démon, ce qui est d'ailleurs conforme aux traditions du folklore chrétien des premiers siècles :

> Neptune le Daimon voulut noyer Ulysse,
> Leucothoé lui fut à son danger propice [...].

D'autres démons sont bienfaisants, et c'est parmi eux que nous retrouvons les démons inspirateurs et les fées de Ronsard, qui ne sont pas des abstractions livresques mais des créatures spirituelles. Ils viennent des régions supérieures de l'air et communiquent avec nous, de préférence pendant le sommeil, suivant la théorie de Synesius reprise par Marsile Ficin : car lorsque nous dormons, le *pneuma* peut d'autant plus facilement recevoir les messages célestes transmis par les démons qu'il cesse d'être troublé par les perceptions du monde matériel :

> Ils nous montrent de nuict, par songes admirables,
> De nos biens, de nos maux les signes véritables.
> D'eux vient la Prophétie [...].

Comme l'intelligence, l'imagination a un statut. Lien privilégié entre le corps et l'âme, elle se présente chez les néoplatoniciens comme le « corps subtil de l'âme », et l'image comme le « corps subtil de la pensée ». Elle est, pour eux, le mode privilégié de l'intelligence, et le poète n'est pas seul à pouvoir la manier avec bonne conscience : il voit autour de lui théologiens et savants faire de même. Aussi serait-il naïf de mettre en avant nos modernes critères de vraisemblance, comme les historiens de la littérature ont trop souvent voulu le faire, pour tracer une ligne de démarcation entre ce qui est et ce qui n'est pas objet de croyance chez Ronsard. Un écrivain romantique sait faire la part de l'imagination et celle du froid raisonnement dans ce qu'il écrit, un écrivain de la Renaissance en est beaucoup moins capable, un savant de la même époque guère plus. Que l'on pense aux *Harmonices mundi* du grand Kepler, qui font voisiner les calculs astronomiques les plus hardis avec des spéculations pythagoriciennes sur la mystique des nombres et les comparaisons entre rapports de distance des planètes et modes musicaux. Léonard de Vinci, dans ses notes géologiques, ne compare-t-il pas la terre à un être vivant dont les rochers seraient les os, les forêts la chevelure, les fleuves les veines, le flux et le reflux de la mer la respiration ? Le même Léonard, dans ses notes d'anatomie, n'annonce-t-il pas qu'avec douze figures il va montrer la figuration du microcosme humain « avec le même ordre que suivit Ptolémée dans sa *Cosmo-*

RONSARD ET LES DIEUX

■ Léon Davent, *Jason combattant le dragon*, d'après Primatice. Paris, Bibl. nat.

Il a le chef horrible,
 il a les yeux ardans,
Sur la machoire large
 il y a troys rangs de dens...
... ainsy de ceste beste
Le dos se va courbant
 de la queue à la teste
De plis longs et tortus.

graphie » ? Et de diviser « le corps en membres comme il divise les provinces ».

Recours à l'analogie, références à un cosmos harmonieux dont les structures se révèlent semblables dans le microcosme et dans le macrocosme, autant de traits qui définissent une mentalité commune aux poètes, aux philosophes, aux théologiens et aux savants de ce Moyen Âge prolongé, que nous appelons Renaissance parce que le néoplatonisme italien lui a donné de nouveaux moyens d'expression.

C'est d'ailleurs cette confusion des outillages mentaux qui facilite le dialogue entre les esprits, la synthèse du savoir. On a trop vite fait d'attribuer l'omniscience des grands humanistes à leur génie, ou bien aux dimensions restreintes de leurs connaissances. En réalité, ils se comprenaient si bien dans la mesure où ils parlaient le même langage, et ils parlaient le même langage dans la mesure où l'esprit scientifique n'était pas encore venu diviser le monde en deux familles d'esprits. Savants, magiciens, théologiens et poètes avaient recours aux mêmes concepts, aux mêmes formes d'analogie. Quand l'auteur des *Amours* compare au soleil les yeux de sa maîtresse dans le sonnet à Cassandre (*voir* p. 133) :

> Plus tost le bal de tant d'astres divers

ou dans l'admirable sonnet à Hélène (*voir* p. 159) :

> Yeux qui versez en l'âme ainsi que deux planetes

les réminiscences des poètes précieux nous empêchent de sentir la force et la portée de ces beaux vers – de telles images, au siècle de Descartes et de la physique mécaniste, n'étaient plus que des clichés littéraires sans supports –, mais cent ans plus tôt elles avaient une aura que nous avons peine à imaginer aujourd'hui. Ambroise Paré ne craint pas d'évoquer les mêmes images, lui dont on a si justement vanté l'esprit critique, dans un chapitre consacré à l'étiologie de la petite vérole, qui s'ouvre par cette déclaration : « Tout ainsi qu'au grand monde il y a deux grands luminaires, savoir le soleil et la lune, aussi au corps humain il y a deux yeux qui l'illuminent, lequel est appelé Microcosme, ou petit portrait du grand monde accourci, qui est composé des quatre éléments comme le grand monde. »

Dans l'esprit de l'auteur, il ne s'agit pas là d'une comparaison poétique, mais de l'amorce d'un raisonnement médical : il veut situer un désordre organique par rapport à l'ordre organique, qui, à son tour, est défini par analogie avec le macrocosme. Ainsi raisonne un des plus grands médecins du siècle.

Les normes auxquelles il se réfère sont d'ailleurs si universellement reçues qu'elles ne sont qu'évoquées pour mémoire. Léonard de Vinci ne fait pas autre chose lorsque, dans ses *Carnets*, il mentionne le parallélisme entre les rivières et « la propriété qui meut les humeurs dans toutes les espèces de corps animés » – lieu commun de la physique et de la médecine astrologique de ce temps, mais qui fait mieux comprendre les beaux vers du *Voyage de Tours* (*voir* p. 138) où le poète identifie son

■ L'usage ronsardien de la mythologie peut dérouter ou rebuter le lecteur d'aujourd'hui. Il n'est pourtant nullement décoratif, mais lié à la vision du monde de la Renaissance : avant que l'esprit scientifique n'ait divisé les champs du savoir, l'univers des artistes est le même que celui des savants (cf. Kepler, Léonard de Vinci) : système de signes, d'images et de légendes où les dieux trouvent leur place.
Van Kessel, *Le Repas des dieux*. Saint-Germain-en-Laye, musée d'Art et d'Histoire.

désir aux flots de la Loire qui caressent le bateau de la bien-aimée, ou telle ode anacréontique, chatoyante d'analogies :

> La terre les eaux va boivant,
> L'arbre la boit par sa racine,
> La mer salée boit le vent,
> Et le soleil boit la marine
> [...]

On trouve des effets voisins élevés à un timbre de gravité magique dans l'admirable *Fontaine d'Hélène* (voir p. 161), merveille de l'automne ronsardien, qu'il serait vain de vouloir expliquer par tel passage de Pétrarque ou d'Ovide sur le mariage de l'eau et du feu. Quel lecteur attentif ne verrait ici, au-delà du contexte des livres, celui des symboles sexués que sont l'eau et le feu pour le médecin, le physicien ou l'astrologue, disons pour tout homme cultivé du XVIe siècle, symboles si anciens que nombreuses sont les légendes, comme le remarque très justement Bachelard, qui attribuent la naissance d'une source à un coup de foudre, et si vivaces qu'au XVIIIe siècle encore on trouve des traités de médecine qui définissent les eaux thermales sulfureuses comme la « composition directe de l'eau et du feu » ? Ronsard met d'ailleurs le doigt sur un coin de son univers analogique en disant dans un sonnet à Cassandre :

> L'onde et le feu sont de ceste machine
> Les deux Seigneurs que je sens pleinement,
> Seigneurs divins, et qui divinement
> Ce faix divin ont chargé sus l'eschine.
>
> Bref, toute chose ou terrestre ou divine
> Doit son principe à ces deux seulement.
> Tous deux en moy vivent également,
> En eux je vy, rien qu'eux je n'imagine [...].

Cette fois encore, le parallélisme du microcosme et du macrocosme est présenté non comme une métaphore littéraire, mais comme l'expression d'un ordre cosmique auquel on nous fait participer par l'image.

C'est dans cette perspective qu'il faut situer la mythologie de Ronsard, mythologie qui ne recouvre que très partiellement celle des Grecs, et exprime par un système de signes, d'images et de légendes l'univers préscientifique de la Renaissance – plus étranger encore à notre mentalité moderne que celui des Anciens –, univers de miroirs dans lequel tout se reflète dans tout, où les hommes sont comme pénétrés d'une vertu active qui les intègre à l'existence d'une nature plus élevée, univers peuplé d'éléments-dieux, d'influx, de héros, de démons, et régi par le déterminisme implacable des astres.

Le néoplatonisme astrologique des Italiens ne se contentait pas de décrire et d'interpréter les phénomènes, il offrait aussi une sagesse située à mi-chemin entre la magie blanche et les recettes d'hygiène psychologique. Albert-Marie Schmidt, qui a été le premier à en voir l'importance, nous rappelle très justement que l'astrologie classait les hommes en trois catégories selon leur attitude à l'égard de leur horoscope – les paresseux, les malheureux et les libres : « Les premiers sans résistance s'abandonnent à leur fatalité, les seconds méprisent les indications que les signes célestes leur fournissent et vivent, pour ainsi dire, à contre-courant cosmique ; les derniers corrigent par des milieux sympathiques et appropriés les radiations malignes de leur planète maîtresse, et obéissent pourtant à la vocation générale qu'elle leur prescrit. »

C'est à cette troisième famille d'esprits que Ronsard veut se rattacher. Hanté par le sentiment de la fatalité saturnienne qui assombrit son existence, persuadé, après Marsile Ficin, que son astre le prédispose à la contemplation solitaire, à la tristesse, à la malchance, il veut lutter contre les influx maléfiques, par la constante évocation de la joie, du soleil, de l'eau pure et du feu. Ce parti pris de gaieté, cette recherche passionnée de l'euphorie, de la lumière, du printemps, de l'amour, cet appel au cosmos, aux forces de la vie, chez un poète anxieux et seul, il ne faut pas oublier que c'est une sorte de conjuration, et c'est le caractère quasi magique de cette démarche qui donne à la poésie de Ronsard sa puissance de radiation et lui confère, au sens profond du mot, son charme.

ŒUVRES

Ronsard a vingt-six ans. Il vit encore en plein milieu universitaire, et il tient à hisser très haut les couleurs du Coqueret. C'est aux humanistes qu'il s'adresse, et non aux courtisans ni aux poètes mondains, dit-il dans sa préface à la première édition des *Odes*. Il attaque de front.

> Je ne fai point de doute que ma poësie tant varie ne semble facheuse aus oreilles de nos rimeurs, et principalement des courtizans, qui n'admirent qu'un petit sonnet petrarquizé, ou quelque mignardise d'amour qui continue tousjours en son propos : pour le moins, je m'assure qu'ils ne me sçauroient accuser, sans condamner premierement Pindare… Pour telle vermine de gens ignorantement envieuse ce petit labeur n'est publié, mais pour les gentils esprits, ardans de la vertu, et dedaignans mordre comme les mâtins la pierre qu'ils ne peuvent digerer.

On peut parler de réussite parfaite dans la mesure où Ronsard a vite récolté, comme il le prévoyait, les applaudissements des doctes et les ricanements des gens de cour.

Les *Odes*

ODE DE L'ESTÉ

> Desja les grand's chaleurs s'esmeuvent,
> Et taris les fleuves ne peuvent
> Leurs peuples escaillez couvrir.
> Ja voit on la plaine alterée
> Par la grande torche etherée
> De soif se lascher et s'ouvrir.

■ Nicolo Dell'Abate,
Le Vannage du grain.
Paris, musée
du Louvre.

ŒUVRES

L'estincelante Canicule,
Qui ard, qui cuist, qui boust, qui brule,
L'ardeur nous lance de là haut,
Et le Soleil qui se promeine
Par le bras du Cancre, rameine
Tels jours recuits d'extreme chaud.

   Ici la diligente troupe
Des mesnagers, par ordre coupe
Le poil de Cerés derobé,
Et là, jusques à la vesprée,
Abat les honneurs de la prée,
D'une faucille au dos courbé.

   Ce-pendant leurs femmes sont prestes
D'asseurer au haut de leur testes
Des plats de bois et des baris,
Et filant, marchent par la plaine
Pour aller soulager la peine
De leurs laborieux maris.

   Si tost ne s'esveille l'Aurore,
Que le pasteur ne soit encore
Plustost levé qu'elle, et alors
Au son de la corne resveille
Son troupeau qui encor sommeille
Dessus la fraische herbe dehors.

   Parmi les plaines descouvertes,
Par les bois, par les rives vertes,
Par l'herbe qui croist à foison,
Paist le gras troupeau porte-laine,
Et celuy dont l'eschine est pleine
De long poil en lieu de toison.

   Parmi les prez, amis des ondes,
Les jeunes troupes vagabondes,
Les filles des troupeaux lascifs
De front retournez s'entre-choquent
Davant les vieux boucs qui s'en moquent
Au haut du prochain tertre assis.

   Mais quand en sa distance egale
Est le Soleil, et la cigale
Espand l'enrouë de sa voix,

Et que nul Zephyre n'haleine
Tant soit peu les fleurs en la plaine,
Ne la teste ombreuse des bois,
   Adonc le pasteur entrelace
Ses paniers de torce pelace,
Ou il englüe les oiseaux,
Ou nud comme un poisson il noüe,
Et avec les ondes se joüe
Cherchant le plus profond des eaux.

   Si l'antique fable est croyable,
Erigone la pitoyable
En tels mois alla luire aux cieux
En forme de vierge, qui ores
Reçoit en son giron encores
Le commun œil de tous les Dieux.

   Œil incognu de nos valées,
Où les fontaines emperlées
Des fleurs remirent la couleur,
Et où mille troupeaux se pressent,
Et le nez contre terre baissent,
Rebattant leurs flancs de chaleur.

   Sous les chesnes qui refrechissent,
Remaschent les bœufs, qui languissent
Au piteux cri continuel
De la genice qui lamente
L'ingrate amour dont la tourmente
Par les bois son toreau cruel.

   Le pastoureau qui s'en estonne,
S'essaye du flageol qu'il sonne
De soulager son mal ardent ;
Ce qu'il fait, tant qu'il voye pendre
Contre-bas Phebus, et descendre
Son chariot en l'Occident.

   Et lors de toutes parts r'assemble
Sa troupe vagabonde ensemble,
Et la convoye aux douces eaux,
Qui sobre en les beuvant ne touche
Sans plus que du haut de la bouche
Le premier front des pleins ruisseaux.

ŒUVRES

    Puis au son des douces musettes
Marchent les troupes camusettes
Pour aller trouver le sejour
Où les aspres chaleurs deçoivent
Par un dormir qu'elles reçoivent
Lentement jusqu'au poinct du jour.

                                I, 501

ODE À DENISE SORCIÈRE

L'inimitié que je te porte
Passe celle, tant elle est forte,
   Des aigneaux et des loups,
Vieille sorciere deshontée,
Que les bourreaux ont fouettée
   Te deschirant de coups.

■ Albrecht Altdorfer, *Le Départ pour le sabbat*. Paris, musée du Louvre.

Tirant apres toy une presse
D'hommes et de femmes espesse,
   Tu monstrois nud le flanc,
Et monstrois nud parmi la rue
L'estomac et l'espaule nue,
   Rougissante de sang.
Mais la peine fut bien petite,
Si l'on balance ton merite :
   Le Ciel ne devoit pas
Pardonner à si lasche teste,
Ains il devoit de sa tempeste
   L'acravanter à bas.
La Terre mere encor pleurante
Des Geans la mort violante
   Bruslez de feu des Cieux,
Te laschant de son ventre à peine,
T'engendra, vieille, pour la haine
   Qu'elle portoit aux Dieux.
Tu sçais que vaut mixtionnée
La drogue qui nous est donnée
   Des païs chaleureux,
Et en quel mois, en quelles heures,
Les fleurs des femmes sont meilleures
   Au breuvage amoureux.
Nulle herbe, soit elle aux montagnes,
Ou soit venimeuse aux campagnes,
   Tes yeux sorciers ne fuit,
Que tu as mille fois coupée
D'une serpe d'airain courbée,
   Beant contre la nuit.
Le soir, quand la Lune fouëtte
Ses chevaux par la nuict muette,
   Pleine de rage, alors,
Voilant ton execrable teste
De la peau d'une estrange beste,
   Tu t'eslances dehors.
Au seul souspir de ton halaine,
Les chiens effroyez, par la plaine,
   Aguisent leurs abois ;

ŒUVRES Les fleuves contremont reculent,
Les loups suivant ta trace hurlent
　　Ton ombre par les bois.
Hostesse des lieux solitaires,
Et par l'horreur des cimetaires
　　Où tu hantes le plus,
Au son des vers que tu murmures,
Les corps des morts tu des-emmures
　　De leurs tombeaux reclus.
Vestant de l'un l'image vaine,
Tu fais trembler et cœur et veine,
　　Rebarbotant un sort,
A la veufve qui se tourmente,
Ou à la mere qui lamente
　　Son seul heritier mort.
Tu fais que la Lune enchantée
Marche par l'air toute argentée,
　　Luy dardant d'icy bas
Telle couleur aux jouës palles,
Que le son de mille cymbales
　　Ne divertiroit pas.
Tu es la frayeur du village :
Chacun craignant ton sorcelage
　　Te ferme sa maison,
Tremblant de peur que tu ne taches
Ses bœufs, ses moutons et ses vaches
　　Du jus de ta poison.
J'ay veu souvent ton œil senestre,
Trois fois regardant de loing paistre
　　La guide du troupeau,
L'ensorceler de telle sorte,
Que tost apres je la vy morte,
　　Et les vers sur la peau.
Comme toy Medee execrable
Fut bien quelquefois profitable :
　　Ses venins ont servy,
Reverdissant d'Eson l'escorce ;
Au contraire, tu m'as par force
　　Mon beau printemps ravy.

Dieux ! si là-haut pitié demeure !
Pour recompense qu'elle meure,
   Et ses oz diffamez,
Privez d'honneur de sepulture,
Soient des corbeaux goulus pasture,
   Et des chiens affamez !
                             I, 450

ÉPIPALINODIE

   Ô terre, ô mer, ô ciel espars,
Je suis en feu de toutes pars ;
Dedans et dehors mes entrailles
Une ardente chaleur me poind
Plus fort qu'un mareschal ne joint
Le fer tout rouge en ses tenailles.

   La chemise qui escorcha
Hercul' si tost qu'il la toucha,
N'egale point la flame mienne,
Ny de Vesuve tout le chaud,
Ny tout le feu que rote en hault
La fournaise Sicilienne.

   Le jour, les soucis presidans
Condamnent ma coulpe au dedans,
Et la genne apres on me donne ;
La peur sans intermission,
Sergent' de leur commission,
Me poind, me pique et m'eguillonne.

   La nuict les fantômes volans
Claquetans de becs gromelans
En siflant mon ame espouvantent,
Et les Furies qui ont soing
Venger le mal, tiennent au poing
Les couleuvres qui me tormentent.

   Il me semble que je te voy
Murmurer des charmes sur moy,
Tant que d'effroy le poil me dresse ;
Puis mon chef tu vas relavant
D'une eau puisée bien avant
Dedans les ondes de tristesse.

ŒUVRES

    Que veux-tu plus? dy, que veux-tu?
Ne m'as-tu pas assez batu?
Veux-tu qu'en cest âge je meure?
Me veux-tu brusler, foudroyer,
Et tellement me poudroyer
Qu'un seul osset ne me demeure?

    Je suis appresté, si tu veux,
De te sacrifier cent bœufs
A fin de desenfler ton ire ;
Ou si tu veux, avec les Dieux
Je t'envoyray là haut aux cieux
Par le son menteur de ma lyre.

    Les freres d'Helene faschez
Pour les Iambes délaschez
Contre leur sœur par Stesichore
A la fin luy ont pardonné,
Et pleins de pitié redonné
L'usage de la veuë encore.

    Tu peux, helas! Denise, aussi
Rompre la teste à mon souci,
Te flechissant par ma priere :
Rechante tes vers, et les traits
De ma face en cire portraits
Jette au vent trois fois par derriere.

    L'ardeur du courroux que l'on sent
Au premier âge adolescent
Me fist trop nicement t'escrire.
Maintenant humble et repentant,
D'œil non feint je vay lamentant
La juste fureur de ton ire.

                                       I, 500

ODE À CASSANDRE

    Quand je suis vingt ou trente mois
Sans retourner en Vandomois,
Plein de pensées vagabondes,
Plein d'un remors et d'un souci,
Aux rochers je me plains ainsi,
Aux bois, aux antres et aux ondes.

Rochers, bien que soyez âgez
De trois mil ans, vous ne changez
Jamais ny d'estat ny de forme ;
Mais tousjours ma jeunesse fuit,
Et la vieillesse qui me suit,
De jeune en vieillard me transforme.

Bois, bien que perdiez tous les ans
En l'hyver vos cheveux plaisans,
L'an d'apres qui se renouvelle,
Renouvelle aussi vostre chef ;
Mais le mien ne peut de rechef
R'avoir sa perruque nouvelle.

Antres, je me suis veu chez vous
Avoir jadis verds les genous,

■ Jean Mignon, *Diane et Actéon*, d'après Luca Penni. Actéon, d'après la légende, avait été métamorphosé en cerf pour avoir vu Diane nue. Ronsard a évoqué plusieurs fois ce mythe : il s'identifie à Actéon, car il est déchiré par les tourments de l'amour. Paris, Bibl. nat.

ŒUVRES Le corps habile, et la main bonne ;
Mais ores j'ay le corps plus dur,
Et les genous, que n'est le mur
Qui froidement vous environne.

    Ondes, sans fin vous promenez
Et vous menez et ramenez
Vos flots d'un cours qui ne sejourne ;
Et moy sans faire long sejour
Je m'en vais de nuict et de jour
Au lieu d'où plus on ne retourne.

    Si est-ce que je ne voudrois
Avoir esté rocher ou bois,
Pour avoir la peau plus espesse,
Et veincre le temps emplumé ;
Car ainsi dur je n'eusse aimé
Toy qui m'as fait vieillir, Maistresse.

I, 544

ODE À GASPAR D'AUVERGNE

    Puis que la Mort ne doit tarder
Que pronte vers moy ne parvienne,
Trop humain suis pour me garder
Qu'espouvanté ne m'en souvienne,
Et qu'en memoire ne me vienne
Le cours des heures incerténes,
Gaspar, qui aux bords de Vienne
As rebasti Rome et Athénes.

    En vain l'on fuit la mer qui sonne
Contre les goufres, ou la guerre,
Ou les vents mal-sains de l'autonne
Qui soufflent la peste en la terre,
Puis que la Mort qui nous enterre
Jeunes nous tue, et nous conduit
Avant le temps, au lac qui erre
Par le royaume de la Nuit.

    L'avaricieuse Nature,
Et les trois Sœurs filans la vie,
Se deulent quand la creature
Dure long temps, portant envie

Au corps, si tost il ne devie ;
Le creant rose du printemps,
A qui la naissance est ravie
Et la grace tout en un temps...
 Bien-tost sous les ombres, Gaspar,
La mort nous guidera subite ;
N'or ni argent de telle part
Ne font que l'homme resuscite ;
Diane son cher Hippolyte
N'en tire hors, ains gist parmy
La troupe, où Thesé se despite
Qu'il n'en peut r'avoir son amy.
 L'homme ne peut fuir au monde
Le certain de sa destinée,
Le marinier craint la fiere onde,
Le soldat la guerre obstinée,
Et n'ont peur de voir terminée
Leur vie sinon en tels lieux,
Mais une Mort inopinée
Leur a toujours fermé les yeux. [...]
II, 736

Deux odes légères

 Baiser, fils de deux lévres closes,
Filles de deux boutons de roses,
Qui serrent et ouvrent le ris
Qui déride les plus marris ;
 Baiser ambrosin que j'honore
Comme mon tout, et dont encore
Je sens en ma bouche souvent
Plus d'un jour apres le doux vent ;
 Et vous, bouche de sucre pleine,
Qui m'engendrez de vostre haleine
Une odeur qui au cœur descend,
Et mille parfuns y respend ;
 Et vous, mes petites montagnes,
Je parle à vous, lévres compagnes,
Dont le coral naïf et franc
Cache deux rangs d'yvoire blanc ;

ŒUVRES

    Je vous suppli' n'ayez envie
D'estre homicides de ma vie :
Pour du tout tuer mon esmoy
Mille fois le jour baisez moy.

II, 713

    Pourquoy comme une jeune poutre*
De travers guignes-tu vers moy ?
Pourquoy farouche fuis-tu outre
Quand je veux approcher de toy ?
    Tu ne veux souffrir qu'on te touche ;
Mais si je t'avoy sous ma main,
Asseure toy que dans la bouche
Bien tost je t'aurois mis le frain.
    Puis te voltant à toute bride
Je dresserois tes pieds au cours,
Et te piquant serois ton guide
Dans la carriere des amours.
    Mais par l'herbe tu ne fais ores
Que suivre des prez la fraicheur,
Pource que tu n'as point encores
Trouvé quelque bon chevaucheur.

* pouliche   I, 572

ODE XXVI

    Quand je dors, je ne sens rien,
Je ne sens ne mal ne bien,
Je ne sçaurois rien cognoistre,
Je ne sçay ce que je suis,
Ce que je fus, et ne puis
Sçavoir ce que je dois estre.
    J'ay perdu le souvenir
Du passé, de l'avenir ;
Je ne suis que vaine masse
De bronze en homme gravé,
Ou quelque terme eslevé,
Pour parade en une place.
    Toutefois je suis vivant,
Repoussant mes flancs de vent,

Et si pers toute memoire ;
Voyez donc que je seray
Quand mort je reposeray
Au fond de la tombe noire !
   L'ame volant d'un plein saut,
A Dieu s'en-ira là haut
Avecque luy se resoudre ;
Mais ce mien corps enterré,
Sillé d'un somme ferré,
Ne sera plus rien que poudre.

I, 526

Les *Amours*

Après avoir nargué le grand public, Ronsard va travailler à sa conquête. Il se tourne vers la forme littéraire qui a depuis longtemps les faveurs de la cour, le sonnet à l'italienne, et deux ans après la publication des *Odes,* il procède au lancement du premier livre des *Amours,* qu'il a pris soin de faire accompagner d'un supplément musical. Il ne tombe pas pour autant dans le « petit sonnet pétrarquisé » et sait garder sa hauteur de ton quand il le faut.

   Le succès des *Sonnets à Cassandre* va frayer la voie à d'autres recueils : Marie, Astré, Sinope auront droit, elles aussi, aux hommages en vers. Les derniers ne sont pas les moins beaux.

SONNETS À CASSANDRE

   Une diverse amoureuse langueur,
Sans se meurir en mon ame verdoye ;
Dedans mes yeux une fontaine ondoye,
Un Mongibel fait son feu de mon cueur.
   L'un de son chaud, l'autre de sa liqueur,
Ore me gele et ore me foudroye ;
Et l'un et l'autre à son tour me guerroye,
Sans que l'un soit dessus l'autre veinqueur.
   Fais, Amour, fais qu'un seul gaigne la place,
Ou bien le feu ou bien la froide glace,
Et par l'un d'eux mets fin à ce debat.

ŒUVRES Helas! Amour, j'ay de mourir envie,
Mais deux venins n'estouffent point la vie,
Tandis que l'un à l'autre se combat.

I, 67

Que toute chose en ce monde se muë,
Soit desormais Amour soulé de pleurs,
Des chesnes durs puissent naistre les fleurs,
Au choc des vents l'eau ne soit plus émuë ;
Le miel d'un roc contre nature suë,
Soyent du printemps semblables les couleurs,
L'esté soit froid, l'hyver plein de chaleurs,
Pleine de vents ne s'enfle plus la nuë ;

■ Portrait de Cassandre figurant dans la première édition des *Amours* (1552). Paris, Bibl. nat. Il ne faut pas prêter aux femmes célébrées par Ronsard une identité réelle. Sous les traits de Cassandre s'aperçoit néanmoins Cassandre Salviati, fille d'un gentilhomme florentin, rencontrée lors d'un bal de la cour à Blois en 1545, et qui épousa en 1546 Jehan Peigné.

Tout soit changé, puis que le nœud si fort
Qui m'estraignoit, et que la seule mort
Devoit trancher, elle a voulu desfaire.

   Pourquoy d'Amour mesprises-tu la loy ?
Pourquoy fais-tu ce qui ne se peut faire ?
Pourquoy romps-tu si faussement ta foy ?
                              I, 66

   Plus tost le bal de tant d'astres divers
Sera lassé, plus tost la Mer sans onde,
Et du Soleil la fuitte vagabonde
Ne courra plus en tournant de travers ;
   Plus tost des Cieux les murs seront ouvers,
Plus tost sans forme ira confus le monde,
Que je sois serf d'une maistresse blonde,
Ou que j'adore une femme aux yeux vers.
   O bel œil brun, que je sens dedans l'ame,
Tu m'as si bien allumé de ta flame,
Qu'un autre œil verd n'en peut estre veinqueur !
   Voire si fort qu'en peau jeune et ridée,
Esprit dissoult, je veux aimer l'idée
Des beaux yeux bruns, les soleils de mon cueur.
                              I, 13

   Non la chaleur de la terre qui fume
Aux jours d'Esté luy crevassant le front ;
Non l'Avant-Chien, qui tarit jusqu'au fond
Les tiedes eaux, qu'ardant de soif il hume ;
   Non ce flambeau qui tout ce monde allume
D'un bluetter qui lentement se fond ;
Bref, ny l'esté, ny ses flames ne font
Ce chaud brazier qui mes veines consume.
   Vos chastes feux, esprits de vos beaux yeux,
Vos doux esclairs qui rechaufent les cieux,
De mon brazier eternizent la flame,
   Et soit Phœbus attelé pour marcher
Devers le Cancre, ou bien devers l'Archer,
Vostre œil me fait un Esté dedant l'ame.
                              I, 53

ŒUVRES   Œil dont l'esclair mes tempestes essuye,
Sourcil, mais ciel de mon cœur gouverneur,
Front estoilé, trofee à mon Seigneur,
Où son carquois et son arc il estuye ;
　Gorge de marbre où la beauté s'appuye,
Menton d'albastre, enrichy de bonheur,
Tetin d'ivoire où se loge l'honneur,
Sein dont l'espoir mes travaux desennuye ;
　Vous avez tant apasté mon desir,
Que pour souler ma faim et mon plaisir,
Cent fois le jour il faut que je vous voye,
　Comme un oiseau, qui ne peut sejourner,
Sans sur les bords poissonneux retourner,
Et revoler pour y trouver sa proye.

I, 58

　Ces flots jumeaux de laict bien espoissi
Vont et revont par leur blanche valée,
Comme à son bord la marine salée,
Qui lente va, lente revient aussi.
　Une distance entre eux se fait, ainsi
Qu'entre deux monts une sente egalée,
Blanche par tout de neige devalée,
Quand en hyver le vent s'est adouci.
　Là deux rubis haut eslevez rougissent,
Dont les rayons cet yvoire finissent
De toutes parts uniment arrondis.
　Là tout honneur, là toute grace abonde,
Et la beauté, si quelqu'une est au monde,
Vole au sejour de ce beau paradis.

I, 83

CHANSON À MARIE

[…]
　Desja l'Esté, et Ceres la blétiere,
Ayant le front orné de son present,
Ont ramené la moisson nourriciere
Depuis le temps que d'elle suis absent,

Loing de ses yeux, dont la lumiere belle
Seule pourroit guarison me donner,
Et si j'estois là bas en la nacelle,
Me pourroit faire au monde retourner.

 Mais ma raison est si bien corrompue
Par une fausse et vaine illusion,
Que nuict et jour je la porte en la veuë,
Et sans la voir j'en ay la vision.

 Comme celuy qui contemple les nuës,
Fantastiquant mille monstres bossus,
Hommes, oiseaux, et Chimeres cornues,
Tant par les yeux ses esprits sont deceus,

 Et comme ceux, qui d'une haleine forte,
En haute mer, à puissance de bras
Tirent la rame, ils l'imaginent torte,
Et toutesfoys la rame ne l'est pas ;

 Ainsi je voy d'une œillade trompee
Cette beauté dont je suis depravé,
Qui par les yeux dedans l'ame frapée,
M'a vivement son portrait engravé.

 Et soit que j'erre au plus haut des montaignes,
Ou dans un bois, loing de gens et de bruit,
Ou sur le Loir, ou parmy les campaignes,
Tousjours au cœur ce beau portrait me suit ;

 Si j'apperçoy quelque champ qui blondoye
D'espics frisez au travers des sillons,
Je pense voir ses beaux cheveux de soye
Espars au vent en mille crespillons.

 Si le Croissant au premier mois j'avise,
Je pense voir son sourcil ressemblant
A l'arc d'un Turc qui la sagette a mise
Dedans la coche et menace le blanc.

 Quand à mes yeux les estoiles drillantes
Viennent la nuict en temps calme s'offrir,
Je pense voir ses prunelles ardantes,
Que je ne puis ny fuyr ny souffrir.

 Quand j'apperçoy la rose sur l'espine,
Je pense voir de ses lévres le teint ;
La rose au soir de sa couleur decline,

ŒUVRES L'autre couleur jamais ne se desteint.
   Quand j'apperçoy les fleurs en quelque prée
Ouvrir leur robe au lever du Soleil,
Je pense voir de sa face pourprée
S'espanouyr le beau lustre vermeil.
   Si j'apperçoy quelque chesne sauvage,
Qui jusqu'au ciel eleve ses rameaux,
Je pense voir sa taille et son corsage,
Ses pieds, sa gréve et ses coudes jumeaux.
   Si j'entens bruire une fontaine claire,
Je pense ouïr sa voix dessus le bord,
Qui se plaignant de ma triste misere,
M'appelle à soy pour me donner confort.
   Voilà comment, pour estre fantastique,
En cent façons ses beautez j'apperçoy,
Et m'esjouïs d'estre melancholique,
Pour recevoir tant de formes en moy [...]

I, 121

LE VOYAGE DE TOURS

[...]
Ja les rames tiroient le bateau bien pansu,
Et la voile en enflant son grand reply bossu
Emportoit le plaisir qui mon cœur tient en peine,
Quand je m'assis au bord de la premiere arene,
Et voyant le bateau qui s'enfuyoit de moy,
Parlant à Marion, je chantay ce convoy.
« Bateau qui par les flots ma chere vie emportes,
Des vents en ta faveur les haleines soient mortes.
Et le ban perilleux qui se trouve parmy
Les eaux, ne t'enveloppe en son sable endormy !
Que l'air, le vent, et l'eau favorisent ma Dame,
Et que nul flot bossu ne destourbe sa rame.
En guise d'un estang sans vague, paresseux
Aille le cours de Loire, et son limon crasseux
Pour ce jourd'huy se change en gravelle menüe,
Pleine de meint ruby et meinte perle esleüe.
[...]

L'azuré martinet puisse voler davant
Avecques la mouette, et le plongeon, suivant
Son malheureux destin, pour le jourd'huy ne songe
En sa belle Hesperie, et dans l'eau ne se plonge,
Et le heron criard, qui la tempeste fuit,
Haut pendu dedans l'air ne face point de bruit.
Ains tout gentil oiseau qui va cherchant sa proye
Par les flots poissonneux, bien-heureux te convoye,
Pour seurement venir avecq' ta charge au port.
[...]
Que ne puis-je muer ma ressemblance humaine
En la forme de l'eau qui ceste barque emmeine ?
J'irois en murmurant sous le fond du vaisseau,
J'irois tout alentour, et mon amoureuse eau
Baiseroit or' sa main, ore sa bouche franche,
La suivant jusqu'au port de la Chapelle blanche ;
Puis laissant mon canal pour jouyr de mon vueil,
Par le trac de ses pas j'irois jusqu'à Bourgueil,
Et là, dessous un pin, couché sur la verdure,
Je voudrois revestir ma premiere figure [...]

I, 144

SONNETS À MARIE

Marie, que je sers en trop cruel destin,
Quand d'un baiser d'amour vostre bouche me baise,
Je suis tout esperdu, tant le cœur me bat d'aise.
Entre vos doux baisers puissé-je prendre fin !

Il sort de vostre bouche un doux flair qui le thin,
Le jasmin et l'œillet, la framboise et la fraise
Surpasse de douceur, tant une douce braise
Vient de la bouche au cœur par un nouveau chemin.

Il sort de vostre sein une odoreuse haleine
(Je meurs en y pensant) de parfum toute pleine,
Digne d'aller au ciel embasmer Jupiter.

Mais quand toute mon âme en plaisir se consomme
Mourant dessus vos yeux, lors pour me despiter
Vous fuyez de mon col pour baiser un jeune homme.

I, 150

J'ay l'ame pour un lict de regrets si touchée,
Que nul homme jamais ne fera que j'approuche
De la chambre amoureuse, encor moins de la couche
Où je vey ma maistresse au mois de may couchée.

  Un somme languissant la tenoit mi-panchée
Dessus le coude droit fermant sa belle bouche,
Et ses yeux dans lesquels l'archer Amour se couche,
Ayant tousjours la fleche à la corde encochée.

  Sa teste en ce beau mois sans plus estoit couverte
D'un riche escofion ouvré de soye verte,
Où les Graces venoyent à l'envy se nicher,

    Puis en ses beaux cheveux choisissoyent leur demeure.
J'en ay tel souvenir que je voudrois qu'à l'heure
Mon cœur pour n'y penser fust devenu rocher.

I, 161

Quand je pense à ce jour, où je la vy si belle
Toute flamber d'amour, d'honneur et de vertu,
Le regret, comme un trait mortellement pointu,
Me traverse le cœur d'une playe eternelle.

  Alors que j'esperois la bonne grace d'elle,
Amour a mon espoir par la mort combattu ;
La mort a son beau corps d'un cercueil revestu,
Dont j'esperois la paix de ma longue querelle.

  Amour, tu es enfant inconstant et leger ;
Monde, tu es trompeur, pipeur et mensonger,
Decevant d'un chacun l'attente et le courage.

  Malheureux qui se fie en l'Amour et en toy,
Tout deus comme la mer vous n'avez point de foy,
La mer tousjours parjure, Amour tousjours volage.

I, 186

Ha ! Mort, en quel estat maintenant tu me changes !
Pour enrichir le Ciel tu m'as seul apauvry,
Me desrobant les yeux desquels j'estois nourry,
Qui nourrissent là hault les astres et les anges.
Entre pleurs et souspirs, entre pensers estranges,

  Entre le desespoir tout confus et marry,
Du monde et de moy-mesme et d'Amour je me ry,
N'ayant autre plaisir qu'à chanter tes louanges.

ŒUVRES

■ Toussaint Du Breuil, *La Toilette et le Lever d'une dame* (détail). Paris, musée du Louvre.

■ Double page suivante : atelier d'Antoine Caron, *Les Funérailles de l'Amour*. Paris, musée du Louvre.

ŒUVRES   Helas! tu n'es pas morte, hé! c'est moy qui le suis.
L'homme est bien trespassé, qui ne vit que d'ennuis,
Et des maux qui me font une eternelle guerre.
   Le partage est mal fait, tu possedes les cieux,
Et je n'ay, mal-heureux, pour ma part que la terre,
Les soupirs en la bouche, et les larmes aux yeux.

I, 185

SONNETS À SINOPE

   Vos yeux estoient moiteux d'une humeur enflammee,
Qui m'ont gasté les miens d'une semblable humeur,
Et pource que vos yeux aux miens ont fait douleur,
Je vous ay d'un nom Grec Sinope surnommee.
   Mais ce'st humeur mauvaise au cœur est devallee,
Et là comme maistresse a pris force et vigueur,
Gastant mon pauvre sang d'une blesme langueur,
Qui ja par tout le corps lente s'est escoulee.
   Mon cœur environné de ce mortel danger,
En voulant resister au malheur estranger,
A mon sang converty en larmes et en pluye,
   Afin que par les yeux, autheurs de mon souci
Mon malheur fust noyé, ou que par eux aussi,
Fuyant devant le feu, j'espuisasse ma vie.

I, 151

   Quand ravy je me pais de vostre belle face,
Je voy dedans vos yeux je ne sçay quoy de blanc,
Je ne sçay quoy de noir, qui m'esmeut tout le sang,
Et qui jusques au cœur de veine en veine passe.
   Je voy dedans Amour qui va changeant de place,
Ores bas, ores haut, tousjours me regardant,
Et son arc contre moy coup sur coup desbandant,
Si je faux, ma raison, que veux-tu que je face?
   Tant s'en faut que je sois alors maistre de moy,
Que je nierois les Dieux, et trahirois mon Roy,
Je vendrois mon pays, je meurtrirois mon pere,
   Telle rage me tient apres que j'ay tasté
A longs traits amoureux de la poison amere
Qui sort de ces beaux yeux dont je suis enchanté!

I, 149

D'un sang froid, noir et lent, je sens glacer mon cœur ŒUVRES
Quand quelcun parle à vous, ou quand quelcun
[vous touche ;
Une ire autour du cœur me dresse l'escarmouche,
Jaloux contre celuy qui reçoit tant d'honneur.

  Je suis, je n'en mens point, jaloux de vostre sœur,
De mon ombre, de moy, de mes yeux, de ma bouche ;
Ainsi ce petit Dieu, qui la raison me bousche,
Me tient tousjours en doute, en soupson, et en peur.

  Je ne puis aimer ceux à qui vous faites chere,
Fussent-ils mes cousins, mes oncles et mon frere ;
Je maudis leurs faveurs, j'abhorre leur bon-heur.

  Les amans et les Roys de compagnons ne veulent :
S'ils en ont de fortune, en armes ils s'en deulent.
Avoir un compagnon, c'est avoir un Seigneur.
                    II, 878

■ René Boyvin,
Coiffure de ballets,
d'après Rosso.
Paris, Bibl. nat.

ŒUVRES **Les *Hymnes* et *Élégies***

Trois ans après les *Amours*, les *Hymnes* sont un nouvel événement littéraire. Dix ans plus tard paraît un recueil qui changera de nom et de contenu à chaque édition, et qui réunit de longs poèmes, dont certains sont parmi les plus beaux que Ronsard ait écrits.

Avec ces deux recueils, le retour au grand lyrisme s'affirme, l'inspiration religieuse et philosophique se donne libre cours.

HYMNE DE LA MORT
[...]
Je veux aller chercher quelque source sacrée
D'un ruisseau non touché, qui murmurant s'enfuit
Dedans un beau vergier, loin de gens et de bruit,
Source que le Soleil n'aura jamais cognue,
Que les oiseaux du Ciel, de leur bouche cornue,
N'auront jamais souillée, et où les pastoureaux
N'auront jamais conduit les pieds de leurs taureaux.
Je boiray tout mon saoul de ceste onde pucelle,
Et puis je chanteray quelque chanson nouvelle,
Dont les accords seront, peut-estre, si tres-dous,
Que les siecles voudront les redire apres nous,
Et, suivant mon esprit, à nul des vieux antiques,
Larron, je ne devray mes chansons poëtiques,
Car il me plaist pour toy de faire ici ramer
Mes propres avirons dessus ma propre mer,
Et de voler au Ciel par une voye estrange,
Te chantant de la Mort la non-dite louange.
[...]
Que ta puissance, ô Mort, est grande et admirable !
Rien au monde par toy ne se dit perdurable,
Mais, tout ainsi que l'onde aval des ruisseaux fuit
Le pressant coulement de l'autre qui la suit,
Ainsi le temps se coule, et le present fait place
Au futur importun, qui les talons luy trace.
Ce qui fut, se refait ; tout coule, comme une eau,
Et rien dessous le Ciel ne se voit de nouveau,

Mais la forme se change en une autre nouvelle,
Et ce changement-là, Vivre, au monde s'appelle,
Et Mourir, quand la forme en une autre s'en-va.
Ainsi, avec Vénus, la Nature trouva
Moyen de r'animer, par longs et divers changes,
La matiere restant, tout cela que tu manges ;
Mais nostre ame immortelle est tousjours en un lieu,
Au change non sujette, assise aupres de Dieu,
Citoyenne à jamais de la ville etherée,
Qu'elle avoit si long temps en ce corps desirée.
Je te salue, heureuse et profitable Mort,
Des extremes douleurs, medecin et confort.
Quand mon heure viendra, Déesse, je te prie,
Ne me laisse longtemps languir en maladie,
Tourmenté dans un lict ; mais puis qu'il faut mourir,

ŒUVRES

■ École
d'Antoine Caron,
Triomphe de la Mort.
Paris, faculté
de médecine.

ŒUVRES Donne-moy que soudain je te puisse encourir,
Ou pour l'honneur de Dieu, ou pour servir mon Prince,
Navré d'une grand' playe, au bord de ma province.

II, 282

L' HYLAS

[…]
Tandis Hylas, jeune, gaillard et brusque,
Aux blanches mains, à la longue perruque,
Au beau visage, à l'œil noir et serain,
Prist une cruche aux deux anses d'airain,
Et seul entra dans la forest prochaine
Pour chercher l'eau d'une belle fontaine.
Comme il alloit, les freres qui avoyent
Ailes au dos, amoureux, le suivoyent,
Volant sur luy, pour baiser sa chair blanche ;
Il destournoit l'embusche d'une branche,
Marchant tousjours pour soudain retourner
[…]
Or cest enfant, comme son pied le meine,
Dans la forêt ombreuse se pourmeine
Errant par tout, ains qu'aviser le bord
De la fontaine où l'attendoit la mort
[…]
Un chesne large ombrageoit l'onde noire ;
Faunes, Sylvains n'y venoyent jamais boire,
Ains de bien loin s'enfuyoient esbahis ;
Maison sacrée aux Nymphes du païs,
Et au Printemps, qui de sa douce haleine
Embasmoit l'air, les forests et la plaine,
Que les pasteurs en frayeur honoroyent,
Et de bouquets les rives decoroyent.
Un ombre lent par petite secousse
Erroit dessus, ainsi que le vent pousse,
Pousse et repousse, et pousse sur les eaux
L'entrelassure ombreuse des rameaux.
Là meinte source en bouillons sablonneuse,
Faisant jallir meinte conque perleuse,

Peindoit les bords de passemens divers,
De gravois gris, rouges, jaunes et pers.
Là carolloyent à tresses descoifées
De main à main les Nymphes et les Fées,
Foulant des pieds les herbes d'alentour,
Puis dessous l'eau se cachoyent tout le jour.
La belle Herbine, au haut de l'onde assise,
Voyant l'enfant, soudain en fut esprise.
[…]
Tandis Hylas de la gauche s'appuye
Dessus le bord, de l'autre tient la buye,
Qu'à front panché laisse tomber en l'eau ;
L'eau qui s'engouffre au ventre du vaisseau,
Fist un grand bruit ; en-ce-pendant Printine
Ardante au cœur d'une telle rapine,
Sa gauche main finement approcha,
Et du garçon le col elle accrocha ;
Coup dessus coup le baise et le rebaise
En l'attirant, à fin que plus à l'aise
Sa pensanteur l'emportast contre-bas ;
Puis de la dextre elle happa le bras
Dont il tenoit le vaisseau, et s'efforce
De le tirer sous l'onde à toute force.
Hylas crioit et resistoit en vain ;
Dedans le gouffre il tomba tout soudain
Pied contre-mont, comme on voit par le vuide
Tomber du ciel une flamme liquide
Toute d'un coup dans la mer, pour signal
Que la navire est sauve de tout mal :
Lors le Patron qui recognoist l'estoile,
Aux matelots siffle qu'on face voile,
Le vent est bon ; en la mesme façon
Tomba d'un coup sous l'onde le garçon. […]

II, 385

ÉLÉGIE À MARIE STUART

  Bien que le trait de vostre belle face
Peinte en mon cœur par le temps ne s'efface,
Et que tousjours je le porte imprimé
Comme un tableau vivement animé,
  J'ay toutefois pour la chose plus rare,
Dont mon estude et mes livres je pare,
Vostre semblant qui fait honneur au lieu,
Comme un portrait fait honneur à son Dieu.
  Vous n'estes vive en drap d'or habillée,
Ny les joyaux de l'Inde despouillee,
Riches d'esmail et d'ouvrages, ne font
Luire un beau jour autour de vostre front ;
  Et vostre main, des plus belles la belle,
N'a rien sinon sa blancheur naturelle,
Et vos longs doigts, cinq rameaux inegaux,
Ne sont pompeux de bagues ny d'anneaux,
  Et la beauté de vostre gorge vive
N'a pour carquan que sa blancheur naïve.
Un crespe long, subtil et delié,
Ply contre ply retors et replié,
Habit de deuil, vous sert de couverture
Depuis le chef jusques à la ceinture,
Qui s'enfle ainsi qu'un voile quand le vent
Soufle la barque, et la single en avant.
  De tel habit vous estiez accoustrée
Partant helas ! de la belle contrée
Dont aviez eu le Sceptre dans la main,
Lors que pensive, et baignant vostre sein
  Du beau crystal de vos larmes roulées,
Triste marchiez par les longues allées
Du grand jardin de ce royal Chasteau
Qui prend son nom de la source d'une eau.
  Tous les chemins blanchissoient sous vos toiles,
Ainsi qu'on voit blanchir les rondes voiles,
Et se courber bouffantes sur la mer,
Quand les forsats ont cessé de ramer ;
  Et la galere, au gré du vent poussée,
Flot desur flot s'en-va toute eslancée

ŒUVRES

■ France, XVIᵉ siècle, *Portrait de Marie Stuart,* que Ronsard a connue enfant, puis jeune reine, et à qui elle avait donné son portrait. Chantilly, musée Condé.

ŒUVRES Sillonnant l'eau, et faisant d'un grand bruit
Pirouëter la vague qui la suit.
   Lors les rochers, bien qu'ils n'eussent point d'ame,
Voyant marcher une si belle Dame
Et les deserts, les sablons, et l'estang
Où vit maint cygne habillé tout de blanc,
   Et des hauts pins la cyme de verd peinte,
Vous contemploient comme une chose sainte,
Et pensoient voir, pour ne voir rien de tel,
Une Déesse en habit d'un mortel
   Se promener, quand l'Aube retournée
Par les jardins poussoit la matinée,
Et vers le soir, quand desjà le Soleil
À chef baissé s'en-alloit au sommeil. [...]

II, 293

ÉLÉGIE

Sans ame, sans esprit, sans pouls et sans haleine,
Je n'avois ny tendon, ny artere, ny veine,
Qui dissoute ne fust du combat amoureux.
Mes yeux estoyent couverts d'un voile tenebreux,
Mes oreilles tintoyent, et ma langue seichée
Estoit à mon palais de chaleur attachée.
A bras demi-tombez ton col j'entralaçois ;
Nul vent, de mes poulmons, pasmé, je ne poussois ;
J'avois devant les yeux ce royaume funeste,
Qui jamais ne jouist de la clairté celeste,
Royaume que Pluton pour partage a voulu,
Et du vieillard Caron le bateau vermoulu.
Bref, j'estois demi-mort, quand tes poumons s'enflerent,
Et d'une tiede haleine en souspirant soufflerent
Un baiser en ma bouche, entrecoupé de coups
De ta langue lezarde, et de ton ris si doux :
Baiser vivifiant, nourricier de mon ame,
Dont l'alme, douce, humide et restaurante flame
Esloigna de mes yeux mon trespas et ma nuict,
Et feit que le bateau du vieillard qui conduit
Les ames des amans à la rive amoureuse,

S'en alla sans passer la mienne langoureuse.
Ainsi je fus guary par l'esprit d'un baiser.
Il ne faut plus, Maistresse, à tel prix appaiser
Ma chaleur Cyprienne, et mesmement à l'heure
Que le Soleil ardent sous la Chienne demeure,
Et que de son rayon chaudement escarté
Il brusle nostre sang, et renflame l'esté.
En ce temps faisons tréve, espargnons nostre vie,
De peur que mal-armez de la philosophie,
Nous ne sentions soudain, ou apres à loisir,
Que tousjours la douleur voisine le plaisir.
                                II, 75

■ École de Fontainebleau, XVIe siècle, *Suivante*. Château d'Écouen.
« Une Déesse en habit d'un mortel. »

œuvres **Les épitaphes**

ÉPITAPHE D'ANTHOINE CHASTEIGNER
DE LA ROCHE-DE-POSÉ

[…]
Bien qu'il soit entombé d'une pierre estrangere,
    Et que la main de sa piteuse mere
A l'heure du trespas ne luy ait clos les yeux,
    Et qu'en blasmant la cruauté des Dieux
N'ait cueilli de sa levre à l'entour de sa bouche
    L'ame fuyante, et que dessus sa couche
Ses seurs aus crins espars, et ses freres pleurans
    N'ayent versé des œillets bien-fleurans,
N'ayent versé des lis avec des roses franches,
    Et du cyprés les mortuaires branches ;
Pourtant, pere vieillard, pren quelque reconfort,
    Et d'un vain pleur ne trempe point sa mort.
[…]
De sa jeune vertu, un coup de plomb, hélas!
    Sur le rempart avança le trespas,
Outre-navrant sa gorge, et, pour l'honneur de France,
    Dessus la fleur de sa premiere enfance
Mourut à Teroanne, et me laissa de luy
    Au fond de l'ame un eternel ennuy,
Qui rongeard m'accompagne, et me tient imprimée
    Tousjours au cœur sa face trop aimée.
Adieu, chere ame, adieu en eternel adieu!
    Soit que l'oubli te serre en son milieu
Dans les champs Elysez, ou soit que sur la nüe
    Tu sois heureuse entre les Dieux venüe,
Souvienne toy de moy, et, dans un pré fleury
    Te promenant avec mon Lignery,
Parle tousjours de moy ; […] de moy par les rivages,
    Par les deserts des roches plus sauvages,
Entre les bois myrtez, ou dans un antre coy
    Soir et matin parle tousjours de moy.
Que ton luth babillard autre chant ne caquette
    Sinon mes vers, et de moy ton Poëte,

Qui vit en dueil pour toy, souvienne toy là-bas ;
   Et pres de toy, apres le mien trespas,
Sur l'herbe aupres de toy, ou sus la rive mole,
   Garde moy place aupres de ton idole
[...]
Dessus quatre gazons, sur ton vuide tombeau
   J'espan du laict, j'espan du vin nouveau,
Me meurtrissant de coups, et, couché sur ta lame,
   Par trois grans cris j'appelle en vain ton ame. [...]

                                II, 502

ÉPITAPHE DE JEAN DE LA PÉRUSE

Las ! tu dois à ce coup, chetive Tragedie,
   Laisser tes graves jeux,
Laisser ta scene vuide, et, contre toy hardie,
   Te tordre les cheveux ;

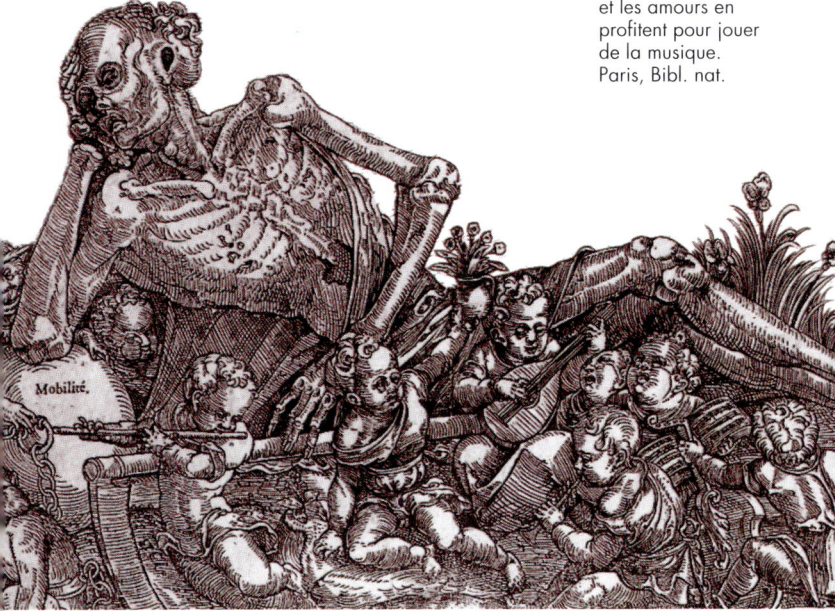

■ Anonyme, France, fin du XVIᵉ siècle (d'après Titien ?), *La Mort endormie*. La Mort, allongée sur le globe instable du monde, dort et les amours en profitent pour jouer de la musique. Paris, Bibl. nat.

Et de la mesme voix dont tu aigris les princes
    Tombez en desconfort,
Tu dois bien annoncer aux estranges provinces
    Que La Péruse est mort.
Cours donc eschevelée, et dis que La Péruse
    Est mort, et qu'aujourd'huy
Le second ornement de la tragique Muse
    Est mort avecque lui;
Mais non pas mort ainsi qu'il faisait en sa scene,
    Après mille debas,
Les princes et les rois mourir d'une mort vaine
    Qui morts ne mouroyent pas :
Car un dormir de fer luy sille la paupière
    D'un eternel sommeil,
Et jamais ne verra la plaisante lumiere
    De nostre beau soleil
[…]
Or, adieu donc, ami ! aux ombres, dans la sale
    De ce cruel Pluton,
Tu joues maintenant la fable de Tantale
    Ou du pauvre Ixion ;
Et tu as ici haut laissé ta scene vuide
    De tragiques douleurs,
Laquelle autant sur toy que dessus Euripide
    Verse un ruisseau de pleurs. […]

                                    II, 528

ÉPITAPHE DE ARTUSE DE VERNON, DAME DE TELIGNY

Cy gist, qui le croira ? une morte fontaine,
Une fontaine, non, mais une belle Fée,
Artuse, qui laissa sa belle robe humaine
Sous terre, pour revoir dans le Ciel son Alphée.
    Artuse, non, je faux, c'est toy, Nymphe Arethuse,
Qui de tes claires eaux la source as fait tarir,
Et tarissant n'y eut ny Charite ny Muse
Qui ne pleurast, voyant ta fontaine perir.
    Et rompant leurs cheveux frapperent leurs poitrines
Sur le haut d'Helicon languissantes d'esmoy,

Et maudissoient le jour qu'elles furent divines,
Pour ne sçavoir mourir de douleur comme toy.

 Les Muses te vantoient la plus docte de France,
Les Charites chantoient ta simple honnesteté ;
Mais tout cela se passe, et vient en decadence
Comme neige au Soleil, ou comme fleur d'Esté.

 L'onde qui distilloit de ta divine source,
T'avertissoit assez que tu devois aller
Aussi tost dans le Ciel, que tu voyois ta course
Parmy les prez mondains soudainement couler.

 Or tu es morte, Nymphe, et rien en ceste terre
Ne nous reste de toy, sinon le vain tombeau,
Ah ! trop ingrat tombeau, qui froidement enserre
Cela qui n'est plus rien et fut jadis si beau !

 Adieu ! belle Arethuse, ou soit que tu demeures
Dedans le ciel là-haut, franche de nos liens,
Soit que tu sois là-bas aux plaisantes demeures
Des vergers fleurissans aux champs Elysiens ;

■ École de Fontainebleau, *Vénus à sa toilette*. Paris, musée du Louvre.

■ Léon Davent,
*Vénus dans
la forge de Vulcain*,
d'après Luca Penni.
Paris, Bibl. nat.

Reçoy ces beaux œillets, reçoy ces roses pleines
De mes pleurs, dont je viens ta tombe couronner ;
Les lis et les œillets sont les dons qu'aux fontaines,
Comme autrefois tu fus, un passant doit donner.

II, 514

Les *Sonnets pour Hélène*

Au sommet de la gloire, en 1578, le poète quinquagénaire est un assez grand personnage pour se faire écouter sans déplaisir par une jeune beauté de la cour de la reine Catherine. Hélène de Surgères était en outre intelligente, cultivée, voire un peu bas-bleu. Une nouvelle Minerve, dit Brantôme.

Elle sera l'une des inspiratrices – mais non la seule – des admirables *Sonnets pour Hélène* qui nous apportent les splendeurs de l'automne poétique de Ronsard.

Je sens une douceur à conter impossible,
Dont ravy je jouïs par le bien du penser,
Qu'homme ne peut escrire ou langue prononcer,
Quand je baise ta main en amour invincible.

   Contemplant tes beaux yeux, ma pauvre ame passible
En se pasmant se perd ; lors je sens amasser
Un sang froid sur mon cœur, qui garde de passer
Mes esprits, et je reste une image insensible.

   Voilà que peut ta main et ton œil, où les trais
D'Amour sont si ferrez, si chauds et si espais
Au regard Medusin qui en rocher me mue.

   Mais bien que mon malheur procede de les voir,
Je voudrois et mille yeux et mille mains avoir,
Pour voir et pour toucher leur beauté qui me tue.

I, 239

   Quand à longs traits je boy l'amoureuse etincelle
Qui sort de tes beaux yeux, les miens sont esblouïs.
D'esprit ny de raison troublé je ne jouïs,
Et comme yvre d'amour tout le corps me chancelle.

   Le cœur me bat au sein, ma chaleur naturelle
Se refroidit de peur, mes sens esvanouïs
Se perdent tout en l'air, tant tu te resjouïs
D'acquerir par ma mort le surnom de cruelle.

   Tes regards foudroyans me percent de leurs rais
La peau, le corps, le cœur, comme pointes de trais
Que je sens dedans l'ame, et quand je me veux plaindre,

   Ou demander mercy du mal que je reçois,
Si bien ta cruauté me reserre la vois
Que je n'ose parler, tant tes yeux me font craindre.

I, 215

   Yeux, qui versez en l'ame, ainsi que deux planettes,
Un esprit qui pourroit ressusciter les morts,
Je sçay dequoy sont faits tous les membres du corps,
Mais je ne puis sçavoir quelle chose vous estes.

   Vous n'estes sang ny chair, et toutefois vous faites
Des miracles en moy, tant vos regards sont forts,
Si bien qu'en foudroyant les miens par le dehors,
Dedans vous me tuez de cent mille sagettes.

ŒUVRES

 Yeux, la forge d'Amour, Amour n'a point de traits,
Que les poignans esclairs qui sortent de vos rais,
Dont le moindre à l'instant toute l'ame me sonde.
 Je suis, quand je les sens, de merveille ravy.
Quand je ne les sens plus, à l'heure je ne vy,
Ayant en moy l'effet qu'a le Soleil au monde.

I, 258

 Vous triomphez de moy, et pource je vous donne
Ce lierre qui coule et se glisse à l'entour
Des arbres et des murs, lesquels tour dessus tour,
Plis dessus plis il serre, embrasse et environne.
 A vous de ce lierre appartient la Couronne.
Je voudrois, comme il fait, et de nuict et de jour,
Me plier contre vous, et languissant d'amour,
D'un nœud ferme enlacer vostre belle colonne.
 Ne viendra point le temps que dessous les rameaux,
Au matin où l'Aurore esveille toutes choses,
En un Ciel bien tranquille, au caquet des oiseaux,
 Je vous puisse baiser à lèvres demy-closes
Et vous conter mon mal, et de mes bras jumeaux
Embrasser à souhait vostre yvoire et vos roses?

I, 254

 Si la beauté se perd, fais-en part de bonne heure,
Tandis qu'en son printemps tu la vois fleuronner.
Si elle ne se perd, ne crain point de donner
A tes amis le bien qui tousjours te demeure.
 Venus, tu devrois estre en mon endroit meilleure,
Et non dedans ton camp ainsi m'abandonner.
Tu me laisses toy-mesme esclave emprisonner
Es mains d'une cruelle où il faut que je meure.
 Tu as changé mon aise et mon doux en amer.
Que devoy-je esperer de toy, germe de mer,
Sinon toute tempeste? et de toy qui es femme
 De Vulcan, que du feu? de toy garce de Mars,
Que couteaux qui sans cesse environnent mon ame,
D'orages amoureux, de flames et de dars?

I, 256

Afin que ton honneur coule parmy la plaine
Autant qu'il monte au Ciel engravé dans un pin,
Invoquant tous les Dieux, et respandant du vin,
Je consacre à ton nom ceste belle fontaine.

Pasteurs, que vos troupeaux frisez de blanche laine
Ne paissent à ces bords : y fleurisse le thin,
Et tant de belles fleurs qui s'ouvrent au matin,
Et soit dite à jamais la Fontaine d'Helene.

Le passant en Esté s'y puisse reposer,
Et assis dessus l'herbe à l'ombre composer
Mille chansons d'Helene, et de moy luy souvienne.

Quiconques en boira, qu'amoureux il devienne,
Et puisse, en la humant, une flame puiser
Aussi chaude qu'au cœur je sens chaude la mienne.

                    I, 271

STANCES DE LA FONTAINE D'HÉLÈNE

Le Premier
Ainsi que ceste eau coule et s'enfuyt parmy l'herbe,
Ainsi puisse couler en ceste eau le soucy
Que ma belle Maistresse, à mon mal trop superbe,
Engrave dans mon cœur sans en avoir mercy.

Le Second
Ainsi que dans ceste eau de l'eau mesme je verse,
Ainsi de veine en veine Amour qui m'a blessé,
Et qui tout à la fois son carquois me renverse,
Un breuvage amoureux dans le cœur m'a versé.

Le Premier
Je voulois de ma peine esteindre la memoire ;
Mais Amour, qui avoit en la fontaine beu,
Y laissa son brandon, si bien qu'au lieu de boire
De l'eau pour l'estancher, je n'ay beu que du feu.

Le Second
Tantost ceste fontaine est froide comme glace,
Et tantost elle jette une ardante liqueur.
Deux contraires effects je sens quand elle passe,
Froide dedans ma bouche, et chaude dans mon cœur.
[…]

ŒUVRES

Le Premier
Cesse tes pleurs, Hercule, et laisse ta Mysie,
Tes pieds de trop courir sont ja foibles et las.
Icy les Nymphes ont leur demeure choisie,
Icy sont tes Amours, icy est ton Hylas.
   Le Second
Que ne suis-je ravy comme l'enfant Argive !
Pour revencher ma mort, je ne voudrois sinon
Que le bord, le gravois, les herbes et la rive
Fussent tousjours nommez d'Helene, et de
                              [mon nom !
[...]
   Le Premier
Ny Cannes ny Roseaux ne bordent ton rivage,
Mais le gay Poliot, des bergeres amy :
Tousjours au chaud du jour le Dieu de ce bocage,
Appuyé sur sa fleute, y puisse estre endormy.
   Le Second
Fontaine à tout jamais ta source soit pavée.
Non de menus gravois, de mousses ny d'herbis,
Mais bien de mainte Perle à bouillons enlevée,
De Diamans, Saphirs, Turquoises et Rubis.
   Le Premier
Le Pasteur en tes eaux nulle branche ne jette,
Le Bouc de son ergot ne te puisse fouler ;
Ains comme un beau Crystal, tousjours tranquille
                              [et nette
Puisses-tu par les fleurs eternelle couler.
[...]
   Le Second
Il ne faut plus aller en la forest d'Ardeine
Chercher l'eau, dont Regnaut estoit si desireux :
Celuy qui boit à jeun trois fois ceste fonteine,
Soit passant ou voisin, il devient amoureux.
   Le Premier
Lune, qui as ta robbe en rayons estoilée,
Garde ceste fontaine aux jours les plus ardans ;
Defen-la pour jamais de chaud et de gelée,
Remply-la de rosée, et te mire dedans.

Le Second
Advienne apres mille ans qu'un Pastoureau desgoise
Mes amours, et qu'il conte aux Nymphes d'icy-pres
Qu'un Vandomois mourut pour une Saintongeoise,
Et qu'encores son ame erre entre ces forests.
Le Poète
Garsons ne chantez plus, ja Vesper nous commande
De serrer nos troupeaux : les Loups sont ja dehors.
Demain à la frescheur avec une autre bande,
Nous reviendrons danser à l'entour de ces bords.
Fontaine, ce-pendant de ceste tasse pleine
Reçoy ce vin sacré que je renverse en toy ;
Sois ditte pour jamais la Fontaine d'Heleine,
Et conserve en tes eaux mes amours et ma foy.
              I, 272

Il ne suffit de boire en l'eau que j'ay sacrée
A ceste belle Helene, afin d'estre amoureux :
Il faut aussi dormir dedans un antre ombreux,
Qui a joignant sa rive en un mont son entrée.

 Il faut d'un pied dispos danser dessus la prée,
Et tourner par neuf fois autour d'un saule creux ;
Il faut passer la planche, il faut faire des vœux
Au Pere sainct Germain, qui garde la contrée.

 Cela fait, quand un cœur seroit un froid glaçon,
Il sentira le feu d'une estrange façon
Enflamer sa froideur. Croyez ceste escriture.

 Amour du rouge sang des Geans tout souillé,
Essuyant en ceste eau son beau corps despouillé,
Y laissa pour jamais ses feux et sa teinture.
              I, 275

Puis qu'elle est tout hyver, toute la mesme glace,
Toute neige, et son cœur tout armé de glaçons,
Qui ne m'aime sinon pour avoir mes chansons,
Pourquoy suis-je si fol que je ne m'en delace ?

 Dequoy me sert son nom, sa grandeur et sa race,
Que d'honneste servage et de belles prisons ?
Maistresse, je n'ay pas les cheveux si grisons,
Qu'une autre de bon cœur ne prenne vostre place.

ŒUVRES   Amour, qui est enfant, ne cele verité.
Vous n'estes si superbe, ou si riche en beauté,
Qu'il faille desdaigner un bon cœur qui vous aime.
   R'entrer en mon avril desormais je ne puis :
Aimez moy, s'il vous plaist, grison comme je suis,
Et je vous aimeray quand vous serez de mesme.
                              I, 225

   Vous estes dejà vieille, et je le suis aussi.
Joignon nostre vieillesse et l'accollon ensemble,
Et faison d'un hyver qui de froidure tremble,
Autant que nous pourrons, un printemps adouci.
   Un homme n'est point vieil, s'il ne le croit ainsi ;
Vieillard n'est qui ne veut ; qui ne veut, il assemble
Une nouvelle trame à sa vieille, et ressemble
Un serpent rajeuni quand l'an retourne ici.
   Ostez-moy de ce fard l'impudente encrousture :
On ne sçauroit tromper la loy de la nature,
Ny derider un front condamné du miroir,
   Ni durcir un tetin desjà pendant et flasque.
Le Temps de vostre face arrachera le masque,
Et deviendray un cygne en lieu d'un corbeau noir.
                              II, 639

   Que je serois marry si tu m'avois donné
Le loyer qu'un Amant demande à sa Maistresse !
Alors que tout mon sang bouillonnoit de jeunesse,
Tous mes désirs estoient de m'en veoir guerdonné.
   Maintenant que mon poil est du tout grisonné,
J'abhorre en y pensant moy-mesme et ma fadesse,
Qui servis si longtemps pour un bien qui se laisse
Pourrir en un sepulchre, aux vers abandonné.
   Enchanté je servis une vieille carcasse,
Un squelette seiché, une impudente face,
Une qui n'a plaisir qu'en amoureux transi.
   Bonne la loi de Cypre, où la fille au rivage,
Embrassant un chacun, gaignoit son mariage,
Sans laisser tant languir un amant en souci.
                              II, 639

Lettre de Ronsard à M. de Sainte-Marthe
sur Hélène de Surgères

Monsieur mon antien amy, c'est, disoit Aristophane, un faix insuportable de servir un maistre qui radoute. Parodizant la dessus, c'est un grand malheur de servir une maistresse, qui n'a jugement ny raison en nostre poësie, qui ne sçait pas que les poëtes, principallement en petis et menus fatras come elegies, epigrames et sonnetz, ne gardent ny ordre ny temps, c'est affaire aux historiographes qui escrivent tout de fil en eguille. Je vous suplie, Monsieur, ne vouloir croire en cela Mademoiselle de Surgeres et n'ajouter ny diminuer rien de mes sonnetz, s'il vous plaist. Si elle ne les trouve bons, qu'elle les laisse, je n'ay la teste rompue d'autre chose. On dit que le Roy vient à Blois et à Tours, et pour cela je m'enfuy à Paris et y seray en bref, car je hay la court comme la mort. Si elle veult faire quelque dessaing de marbre sur la fonteine, elle le pourra faire, mais ce sont délibérations de femmes, qui ne durent qu'un jour, qui de leur nature sont si avares qu'elles ne voudroyent pas despendre un escu pour un beau fait. Faittes luy voir cette lettre si vous le trouvez bon. Je vous baize les mains de toute affection. De vostre Croixval, ce cinquiesme de juillet. Vostre humble et antien amy à vous servir.

II, 1047

Discours

Exorcisme du loup-garou

[…]
Si tu veux confesser que lou-garou tu sois,
Hoste melancoliq' des tombeaux et des crois,
Pour te donner plaisir vrayment je te confesse
Que je suis prestre raz, que j'ay dit la grand' Messe ;
Mais devant que parler il faut exorciser
Ton Démon qui te fait mes Demons mespriser.
Fuyez, peuples, fuyez, que personne n'approche,
Sauvez-vous en l'eglise, allez sonner la cloche

ŒUVRES

A son dru et menu, faites flamber du feu,
Faites un cerne en rond, murmurez peu à peu
Quelque basse oraison, et mettez en la bouche
Sept ou neuf grains de sel, de peur qu'il ne vous touche.
Voy-le-cy, je le voy escumant et bavant,
Il se roule en arriere, il se roule en avant,
Afreux, hideux, bourbeux ; une espesse fumée
Ondoye de sa gorge en flames allumée ;
Il a le diable au corps ; ses yeux cavez dedans,
Sans prunelle et sans blanc, reluisent comme Ardans
Qui par les nuicts d'hyver, à flames vagabondes,
En errant font noyer les passans dans les ondes ;
Il a le museau tors et le dos herissé
Ainsi qu'un gros mastin, des dogues pelissé.
Fuyez, peuples, fuyez ; non, attendez la beste,
Apportez ceste estolle, il faut prendre sa teste
Et luy serrer le col, il faut semer espais
Sur luy de l'eau beneiste avec un aspergés,
Il faut faire des Croix en long sur son eschine.
Je tiens le Monstre pris : voyez comme il chemine
Sur les pieds de derriere, et comme il ne veut pas,
Rebellant à l'estolle, accompagner mes pas !
Sus ! sus ! Prestres, frappez desur la beste prise !
Que par force on le traine aux degrez de l'eglise !
[…]
 Hà Dieu ! qu'il est vilain ! il rend desjà sa gorge
Aussi large qu'on voit les soufflez d'une forge,
Qu'un boiteux mareschal esvente quand il faut
Frapper à tour de bras sur l'enclume un fer chaut.
Voyez combien d'humeurs differentes luy sortent,
Qui de son naturel les qualitez rapportent !
La rouge que voilà le fit presomptueux,
Ceste verte le fit mutin tumultueux,
Et ceste humeur noirastre et triste de nature
Est celle qui pipoit les hommes d'imposture ;
La rousse que voilà le faisoit impudent,
Boufon, injurieux, brocardeur et mordant,
Et l'autre que voycy, visqueuse, espaisse et noire,
Le rendoit par sur tous taquin au Consistoire.

■ Sellajo
di Arcangelo,
*Le Triomphe
du Temps* (détail
central), inspiré
des *Triomphes* de
Pétrarque. Fiesole,
musée Bandini.

■ « Le Caduc »,
gravure illustrant
*Les Figures et
Portraits des sept
âges de l'homme*,
édition de 1595.
Paris, Bibl. nat.

Je me fasche de voir ce meschant animal
Vomir tant de venins, tout le cœur m'en fait mal.
Faites venir quelque homme expert en medecine
Pour l'abbreuver du just d'une forte racine :
Si son mal doit guarir, l'hellebore sans plus
Guarira son cerveau lunatique et perclus. […]

II, 598

DISCOURS À NICOLAS DE NEUFVILLE,
SEIGNEUR DE VILLEROY

Ja du prochain hyver je prevoy la tempeste,
Ja cinquante et six ans ont neigé sur ma teste,
Il est temps de laisser les vers et les amours,
Et de prendre congé du plus beau de mes jours.

J'ay vescu, Villeroy, si bien que nulle envie
En partant je ne porte aux plaisirs de la vie.
Je les ay tous goustez, et me les suis permis
Autant que la raison me les rendoit amis,
Sur l'eschaffaut mondain joüant mon personnage
D'un habit convenable au temps et à mon âge.
J'ay veu lever le jour, j'ay veu coucher le soir,
J'ay veu greller, tonner, esclairer et pluvoir,
J'ay veu peuples et Rois, et depuis vingt annees
J'ay veu presque la France au bout de ses journées ;
J'ay veu guerres, debats, tantost tréves et paix,
Tantost accords promis, redefais et refais,
Puis defais et refais. J'ay veu que sous la Lune
Tout n'estoit que hazard, et pendoit de Fortune.
Pour neant la prudence est guide des humains :
L'invincible Destin luy enchesne les mains,
La tenant prisonniere, et tout ce qu'on propose
Sagement la Fortune autrement en dispose.
Je m'en vais soul du monde, ainsi qu'un convié
S'en va soul du banquet de quelque marié,
Ou du festin d'un Roy sans renfrogner la face,
Si un autre apres luy se met dedans sa place.
J'ay couru mon flambeau sans me donner esmoy,
Le baillant à quelcun s'il recourt après moy :
Il ne fault s'en fascher, c'est la Loy de Nature,
Où s'engage en naissant chacune creature.
[…]
Presque à regret je vy, et à regret je voy
Les rayons du Soleil s'estendre dessus moy.
Pource je porte en l'ame une amere tristesse,
Dequoy mon pied s'avance aux fauxbourgs de vieillesse,
Et voy, quelque moyen que je puisse essayer,
Qu'il faut que je déloge avant que te payer,
S'il ne te plaist d'ouvrir le ressort de mon coffre,
Et prendre ce papier que pour acquit je t'offre,
Et ma plume qui peult, escrivant verité,
Tesmoigner ta louange à la posterité.
Reçoy donc mon present, s'il te plaist, et le garde
En ta belle maison de Conflant, qui regarde

ŒUVRES Paris, sejour des Rois, dont le front spacieux
Ne voit rien de pareil sous la voûte des Cieux ;
Attendant qu'Apollon m'eschauffe le courage
De chanter tes jardins, ton clos, et ton bocage,
Ton bel air, ta riviere et les champs d'alentour
Qui sont toute l'année eschauffez d'un beau jour,
Ta forest d'orangers, dont la perruque verte
De cheveux eternels en tout temps est couverte,
Et tousjours son fruit d'or de ses fueilles defend,
Comme une mere fait de ses bras son enfant.
Prens ce Livre pour gage, et luy fais, je te prie,
Ouvrir en ma faveur ta belle Librairie,
Où logent sans parler tant d'hostes estrangers ;
Car il sent aussi bon que font tes orangers.
I, 279

■ René Boyvin,
Coiffure de ballets,
d'après Rosso.
Paris, Bibl. nat.

Les derniers vers

    Je n'ay plus que les os, un squelette je semble,
Decharné, denervé, demusclé, depoulpé,
Que le trait de la Mort sans pardon a frappé :
Je n'ose voir mes bras que de peur je ne tremble.

    Apollon et son filz, deux grans maistres ensemble,
Ne me sçauroient guerir ; leur mestier m'a trompé,
Adieu, plaisant Soleil ! mon œil est estoupé,
Mon corps s'en va descendre où tout se desassemble.

    Quel amy me voyant en ce point despouillé
Ne remporte au logis un œil triste et mouillé,
Me consolant au lict et me baisant la face,

    En essuiant mes yeux par la Mort endormis ?
Adieu, chers compaignons, adieu, mes chers amis !
Je m'en vay le premier vous preparer la place.

                            II, 634

    Ah ! longues Nuicts d'hyver, de ma vie bourrelles,
Donnez-moy patience, et me laissez dormir !
Vostre nom seulement et suer et fremir
Me fait par tout le corps, tant vous m'estes cruelles.

    Le Sommeil tant soit peu n'esvente de ses ailes
Mes yeux tousjours ouvers, et ne puis affermir
Paupiere sur paupiere, et ne fais que gemir,
Souffrant comme Ixion des peines eternelles.

    Vieille umbre de la terre, ainçois l'umbre d'Enfer,
Tu m'as ouvert les yeux d'une chaisne de fer,
Me consumant au lict, navré de mille pointes :

    Pour chasser mes douleurs ameine moy la Mort.
Hà ! Mort, le port commun, des hommes le confort,
Viens enterrer mes maux, je t'en prie à mains jointes !

                            II, 636

Il faut laisser maisons et vergers et jardins,
Vaisselles et vaisseaux que l'artisan burine,
Et chanter son obseque en la façon du Cygne,
Qui chante son trespas sur les bors Mæandrins.

ŒUVRES   C'est fait, j'ay devidé le cours de mes destins,
J'ay vescu, j'ay rendu mon nom assez insigne,
Ma plume vole au ciel pour estre quelque signe,
Loin des appas mondains, qui trompent les plus fins.
Heureux qui ne fut onc, plus heureux qui retourne
En rien comme il estoit, plus heureux qui sejourne,
D'homme, fait nouvel ange, aupres de Jesus-Christ,
Laissant pourrir çà-bas sa despouille de boüe,
Dont le Sort, la Fortune, et le Destin se joüe,
Franc des liens du corps pour n'estre qu'un esprit.

                                II, 637

CHRONOLOGIE

1515	Louis de Ronsard épouse Jeanne Chaudrier ; à la bataille de Marignan, il contribue à la capture de Ludovic Sforza.	Avènement de François Ier, bataille de Marignan, paix perpétuelle. Naissance de l'humaniste Pierre Ramus, de l'architecte Pierre Lescot et du sculpteur Jean Goujon.
1516		Concordat : le roi se réserve l'attribution des bénéfices ecclésiastiques. En Angleterre, Thomas More écrit son *Utopie*.
1517		Naissance de Jacques Peletier du Mans et d'Ambroise Paré.
1519		Charles Quint élu empereur ; naissance de Catherine de Médicis, et mort de Léonard de Vinci à Amboise. Guillaume Budé offre à François Ier le manuscrit de l'*Institution du Prince*.
1520		Entrevue du Camp du Drap d'or : Bayard défend Mézières contre Charles Quint. Naissance de François Clouet.
1521		Naissance de Pontus de Tyard ; mort de Josquin des Prés.
1522		Naissance de Joachim Du Bellay ; Guillaume Budé, prévôt des marchands et maître des requêtes.

1524	Naissance de Pierre de Ronsard.	Défaites françaises en Italie ; mort de Bayard ; affaire des placards et débuts de la tension religieuse.
1525		Défaite de Pavie. François Ier prisonnier de Charles Quint.
1526	Louis de Ronsard, maître d'hôtel des enfants de France, accompagne les otages princiers en Espagne, partage leur captivité et écrit des vers latins pour se distraire.	Pour obtenir sa libération, François Ier doit signer le traité de Madrid et remettre ses enfants en otage. Naissance de Marc-Antoine Muret.
1528		Naissance de Remi Belleau.
1529		Publication des *Commentarii linguae graecae* de Guillaume Budé. Thomas More chancelier d'Angleterre.
1530	Louis de Ronsard, revenu d'Espagne, reprend ses fonctions à la cour.	Paix de Cambrai. Sur la suggestion de Guillaume Budé et de Jean Du Bellay, François Ier décide la création de « lecteurs royaux », premier pas vers le Collège de France, au grand scandale des dignitaires de l'Université. La reine Marguerite de Navarre appelle Lefèvre d'Étaples à la cour de Nérac.
1531		Naissance de Guillaume Costeley. Édition lyonnaise des *Apophtegmes* d'Érasme.
1532	Mariage de Louise de Ronsard, sœur du poète et fille d'honneur de la reine.	Alliance de François Ier avec les protestants d'Allemagne ; naissance d'Antoine de Baïf et de Jodelle. Publication des *Chroniques gargantuines* de Rabelais, de l'*Adolescence clémentine* de Marot, *De philologia* et *De studio literarum* de Budé.
1533	Ronsard passe un semestre au collège de Navarre.	Mariage d'Henri de France et de Catherine de Médicis ; naissance de Montaigne ; le pape Paul III offre à Érasme, qui la refuse, la dignité cardinalice. Publication

		du *Pantagruel* de Rabelais, de la réédition des œuvres de Villon par Marot, et de l'édition lyonnaise du *Platon* de Marsile Ficin.
1534	Ronsard au manoir de La Possonnière.	
1535		Le *De transitu hellenismi ad christianismum* de Budé.
1536	Ronsard rejoint son père aux armées ; il assiste à la mort et à l'autopsie du dauphin François.	Reprise des hostilités ; François Ier en Provence : en son absence, le cardinal Jean Du Bellay lieutenant général du royaume. Alliance avec le roi Jacques V d'Écosse, à qui il donne en mariage la princesse Madeleine de France. Mort d'Érasme.
1537	Ronsard, page de Charles d'Orléans, fait le voyage d'Écosse avec lui pour accompagner la princesse Madeleine.	Publication de la traduction française du *Courtisan* de Balthazar de Castiglione, et de la traduction de l'*Électre* de Sophocle par Lazare de Baïf.
1538	Retour de Ronsard en France après la mort de Madeleine, suivi d'un second voyage en Écosse.	Mort de Madeleine de France. Jacques V épouse une autre princesse française : Marie de Lorraine, fille de Claude de Guise.
1540	Ronsard accompagne Lazare de Baïf à la diète d'Haguenau. Maladie et débuts de surdité.	Rabelais accompagne Guillaume Du Bellay au Piémont. Édition française de *L'Amadis des Gaules*. Naissance de Brantôme, mort de Guillaume Budé et de Paracelse.
1541	Convalescence dans le Vendômois.	Mort de Jean Clouet. Publication des Psaumes de Marot, de la version française de l'Institution chrétienne de Calvin, et édition parisienne des œuvres complètes de Marsile Ficin.
1542	Ronsard écrit ses premiers vers. Son père voudrait le persuader de suivre les cours de la faculté de décrets de l'Université de Paris.	Entré en guerre contre Henri VIII, Jacques V est défait à Solway Moss et meurt peu après. Marie de Lorraine régente du royaume, peu de jours après avoir mis au monde une fille : Marie Stuart.

1543	Séjour au Mans de Ronsard et de son père à l'occasion des funérailles de Guillaume Du Bellay. Ronsard reçoit la tonsure et fait connaissance de Jacques Peletier du Mans, secrétaire de l'évêque.	Publication du *De revolutionibus orbium caelestium* de Copernic, du *De corporis humani fabrica* de Vésale, et de l'*Epitome de l'antiquité des Gaules et de la France* de Guillaume Du Bellay.
1544	Mort de Louis de Ronsard. Pierre s'installe chez Lazare de Baïf, qui l'invite à suivre, avec le jeune Antoine de Baïf, les leçons de grec de Daurat.	Édition italienne du commentaire sur *Le Banquet de Platon*, de Marsile Ficin ; publication de la *Délie* de Maurice Scève. Naissance de François II, mort de Marot.
1545	Mort de la mère de Ronsard : rencontre de Cassandre Salviati à Blois.	Pierre Ramus principal du collège de Presles, Jean Daurat au collège Coqueret. Publication de l'*Art poétique d'Horace* par Peletier du Mans.
1546	Cassandre Salviati épouse Jean de Peigné, seigneur de Pray.	François Ier confie à Pierre Lescot la surintendance des travaux du Louvre et donne une prébende à Amyot. Publication du Tiers-livre de Rabelais.
1547	Rencontre avec Joachim Du Bellay. Mort de Lazare de Baïf. Antoine de Baïf et Ronsard s'installent au collège Coqueret, dont Daurat est principal, et où ils resteront plus de cinq ans. Publication, dans les *Œuvres poétiques* de Peletier du Mans, de la première œuvre imprimée de Ronsard : l'*Ode à Peletier du Mans*.	Mort de François Ier et d'Henri VIII. Publication de poésies de Marguerite de Navarre, et de l'*Institution du Prince* de Budé.
1548		Fiançailles du dauphin François et de Marie Stuart. Publication de l'*Art poétique françois* de Thomas Sebillet.
1549	Ronsard participe à l'excursion d'Arcueil des membres du collège Coqueret. Publication de l'*Épithalame d'Antoine de Bourbon*, de l'*Avant entrée du Roi très chrestien à Paris*, de l'*Hymne de France* et de la *Fantaisie à sa dame*.	Mort de Marguerite de Navarre et couronnement de Catherine de Médicis. Publication de la *Défense et illustration* de Joachim Du Bellay et des *Erreurs amoureuses* de Pontus de Tyard. Jean Goujon achève les sculptures de la fontaine des Innocents.

1550	Publication des quatre premiers livres des *Odes*.	Violentes attaques contre la *Défense et illustration* émanant de dignitaires de l'Université. Édition définitive de *L'Olive* de Du Bellay ; de l'*Abraham sacrifiant* de Théodore de Bèze ; du *De occulta philosophia* de Corneille Agrippa. Paix anglo-écossaise, naissance de Charles IX.
1551	Discussions orageuses à la cour entre les partisans de Ronsard et ceux de Mellin de Saint-Gelais.	Alliance d'Henri II avec les protestants d'Allemagne ; naissance d'Henri III. Ramus nommé lecteur royal. Publication des traductions françaises du traité *De l'Amour*, de Léon l'Hébreu, et du *Timée* de Platon.
1552	Ronsard fréquente Jean de Morel, maître d'hôtel du roi et ancien disciple d'Érasme ; la princesse Marguerite, sœur du roi ; Jean de Brinon, conseiller du roi ; Michel de l'Hospital, le futur chancelier. Publication du premier livre des Amours, auquel est joint le cinquième livre des *Odes,* parmi lesquelles l'*Ode à Michel de l'Hospital*. (Édition pourvue d'un supplément musical comprenant dix pièces polyphoniques de Certon, Goudimel, Muret et Janequin.)	Succès de la *Cléopâtre captive* de Jodelle, représentée devant Henri II et sa cour. Publication des *Sonnets de l'honnête amour* de Du Bellay, des *Amours* de Baïf, du *Quart-livre* de Rabelais, de l'*Arithmétique* de Peletier du Mans, et du *Solitaire premier, ou Prose des Muses, et de la fureur poëtique* de Pontus de Tyard. Reprise des hostilités, offensive d'Henri II qui occupe Toul et Verdun.
1553	Deuxième excursion à Arcueil de la Brigade du Coqueret qui va celébrer à l'antique le succès de Jodelle. Réconciliation de Ronsard et de Mellin de Saint-Gelais, négociée par Michel de l'Hospital. Deuxième édition des *Amours*, suivie du commentaire de Muret. Publication sans nom d'auteur du *Livret des folastreries*. À l'automne, épidémie de peste à Paris. Ronsard va se réfugier dans une cure de campagne de la région de Meaux dont on lui avait donné la commende.	Victoire de François de Guise devant Metz. Naissance d'Henri IV. Calvin fait brûler vif le théologien réformé Michel Servet accusé d'hérésie panthéiste et antitrinitaire. Voyage à Rome de Du Bellay ; mort de Rabelais.

1554	Séjour dans le Vendômois : Ronsard échange sa cure contre une autre, située dans le Maine, par l'intervention du cardinal Du Bellay. Publication du *Bocage et des Meslanges*.	Publication du *Pseudo-Anacréon* d'Henri Estienne, des *Gayetez* d'Olivier de Magny et des *Premières Poësies* de Tahureau.
1555	Séjour dans le Chinonais, chez Charles de Pisselieu, abbé commendataire de Bourgueil. Première rencontre avec Marie. Ronsard entreprend *La Franciade*, reçoit une nouvelle prébende qu'il trouve insuffisante, et publie la *Continuation des Amours et les Hymnes*.	Mort de Tahureau et de La Péruse, naissance de Malherbe et de Claude Le Jeune. Paix d'Augsbourg. Première édition des *Prophéties* de Me Michel Nostradamus et du *Solitaire second* de Pontus de Tyard ; de l'*Amour de Francine* de Baïf et de l'*Art poëtique* de Peletier du Mans.
1556	Mort de Claude de Ronsard, frère aîné du poète, qui avait choisi la carrière des armes. Démarches et tracas relatifs à sa succession. Publication de la *Nouvelle Continuation des Amours* et du *Second Livre des Hymnes*, dédié à la princesse Marguerite. N'ayant reçu aucune nouvelle prébende depuis plusieurs années, Ronsard abandonne la composition de *La Franciade*.	Abdication de Charles Quint. Son fils Philippe II lui succède en Espagne et son frère Ferdinand en Allemagne. Publication des *Dialogues* de Louis Le Caron, dont le quatrième est intitulé : « Ronsard, ou de la Poësie » ; de la *Médée* de La Péruse ; de la traduction en vers des *Odes d'Anacréon* suivie des *Petits Hymnes de son Invention*.
1557	Ronsard multiplie les démarches à la cour pour obtenir de nouveaux bénéfices, et écrit des vers de circonstance qui seront publiés ultérieurement dans *Le Second Livre des Meslanges*. Longs séjours à la Possonnière.	Désastre de Saint-Quentin. Grave crise financière en France, en Espagne et aux Pays-Bas. Remi Belleau prend part à l'expédition de Naples. Naissance de Jacques Mauduit. Publication du *Ciceronianus* de Ramus, des *Dialogues contre les nouveaux académiciens* de Guy de Bruès, et de *L'Univers, ou discours des parties et de la nature du Monde*, de Pontus de Tyard.
1558	La mort de Mellin de Saint-Gelais donne à Ronsard le rang incontesté de prince des poètes à la cour. Composition des *Sonnets à Sinope*.	Mort de Charles Quint. Avènement d'Élisabeth d'Angleterre. Échec retentissant de l'*Orphée* de Jodelle ; Du Bellay publie *Les Regrets* et *Les Antiquités de Rome*.

1559	Ronsard reçoit la charge d'aumônier ordinaire du roi. Nouvelle série de poésies de circonstances. Publication du *Second Livre des Meslanges*. Clément Janequin publie son *Verger de Musique*, préfacé par Baïf.	Paix de Cateau-Cambrésis : mariage de la princesse Marguerite avec le duc de Savoie ; mort accidentelle d'Henri II et avènement du jeune François II. Publication du *Poëte courtisan* de Du Bellay et de la traduction des *Vies des hommes illustres* de Plutarque et de *Daphnis et Chloé* par Amyot.
1560	Première édition globale des œuvres de Ronsard. Publication du recueil musical intitulé : *Le Livre des Meslanges, contenant six vingt chansons, des plus rares et des plus industrieuses qui se trouvent, soit des auteurs antiques, soit des plus mémorables de notre temps*, précédé d'une préface de Ronsard dédiée à François II. Ronsard hérite du canonicat de Saint-Julien-du-Mans dont Du Bellay était titulaire.	Conjuration d'Amboise, mort de François II, avènement de Charles IX et régence de Catherine de Médicis. États généraux d'Orléans. Du Bellay publie, peu avant de mourir, sa *Harangue au peuple français contre la rebellion*, et Guillaume des Autels sa traduction française d'un poème latin de Michel de l'Hospital sur l'art de bien régner. Mort de Janequin, de Du Bellay et de Maurice Scève.
1561	Rencontre de Genèvre. Composition de l'*Institution pour l'adolescence du roi Charles IX* et de l'*Élégie sur le départ de la Royne Marie*.	Colloque de Poissy : duel oratoire entre le cardinal de Lorraine et Théodore de Bèze. Départ pour l'Écosse de Marie Stuart. Publication des *Recherches de la France* d'Étienne Pasquier.
1562	Séjour dans le Maine. Ronsard doit prendre les armes pour défendre sa cure d'Évaillé contre des détachements armés huguenots. Publication du *Discours des misères de ce temps* ; de la *Continuation du Discours* et de la *Remontrance au peuple de France*. Les protestants multiplient les pamphlets anonymes contre Ronsard.	Massacre de Vassy, première guerre de Religion ; bataille de Dreux, défaite de Coligny. Le *Rinaldo* du Tasse : publication posthume du *Microcosme* de Maurice Scève.
1563	*Responce aux injures et calomnies de je ne sçay quels predicans et ministres de Geneve*, et *les trois livres du recueil des Nouvelles Poësies*.	Mort de La Boétie, assassinat de François dit « le Balafré », duc de Guise ; paix d'Amboise. Clôture du concile de Trente.

1564	Ronsard compose une *Bergerie* qui sera représentée au cours des fêtes de Fontainebleau. Publication du *Premier Livre des chansons à quatre parties,* dans lequel figurent un certain nombre de pièces de Ronsard.	Mort de Michel-Ange et de Calvin, naissance de Shakespeare. Traité franco-anglais de Troyes ; publication posthume du *Cinquième Livre* de Rabelais.
1565	Ronsard est gratifié du prieuré de Saint-Cosme, près de Tours, où il reçoit, en automne, la visite de la famille royale. Publication des *Élégies, Mascarades et Bergeries,* dédiées à Élisabeth d'Angleterre et de l'*Abrégé de l'Art poëtique françois.*	Conférence de Bayonne entre Catherine de Médicis et le duc d'Albe… Marie Stuart, reine d'Écosse, épouse lord Darnley. Publication du *Traité de la conformité du langage françois avec le grec,* d'Henri Estienne.
1566	Ronsard reçoit le prieuré de Croixval, dans le Vendômois.	Mort de Louise Labé. Rédaction du catéchisme du concile de Trente. Naissance de Jacques Stuart, futur roi d'Écosse et d'Angleterre.
1567	Nouvelle édition des Œuvres ; publication des premiers vers de *La Franciade* dans la deuxième édition de l'Horace de Denis Lambin. Participation de Ronsard au Tombeau d'Anne de Montmorency.	Meurtre de Darnley, déposition de Marie Stuart ; en France, deuxième guerre de Religion, bataille de Saint-Denis et mort du connétable de Montmorency. Publication du premier des *Météores* de Baïf.
1568	Une longue maladie retient Ronsard à la campagne. Séjours à Saint-Cosme et à Croixval.	Paix de Longjumeau, disgrâce de Michel de l'Hospital. Marie Stuart prisonnière des Anglais. Mort de Jean Goujon.
1569	Publication des sixième et septième livres des *Poèmes.*	Troisième guerre de Religion. Le futur Henri III, à la tête des forces royales, bat Condé à Jarnac et Coligny à Moncontour. Daurat écrit un poème latin pour célébrer les victoires royales.
1570	Retour de Ronsard à la cour après une longue absence. Rencontre d'Hélène de Surgères. Publication de la *Musique* de Guillaume Costeley, qui comprend un certain nombre de pièces de Ronsard.	Fondation par Charles IX de l'Académie de poésie et de musique, qui suscite une grande opposition de la part des dignitaires de l'Université de Paris. Paix de Saint-Germain, qui attribue aux huguenots des places de sûreté.

		Mort du Primatice et de Philibert de l'Orme.
1571	Ronsard rencontre Roland de Lassus, fêté par Charles IX et les milieux humanistes lors de son passage à Paris. Lassus publie son *Livre de chansons nouvelles à cinq parties* qui contient un certain nombre de pièces de Ronsard. Les *Airs de cour mis sur le luth* d'Adrien Le Roy mettent en musique des poésies de Ronsard, Baïf et Desportes. Troisième édition des *Œuvres*.	Intrigues universitaires au Parlement : multiplication des procédés dilatoires destinés à empêcher l'enregistrement des lettres patentes de l'Académie de musique et de poésie. La bataille de Lépante (où Cervantès est blessé) délivre la Méditerranée du péril turc. Montaigne commence la rédaction des *Essais*.
1572	Publication des quatre premiers livres de *La Franciade*, et du *Mélange de cent quarante-huit chansons, tant des vieux autheurs que des modernes, à cinq et à huit parties*. Préface de Ronsard.	Mariage d'Henri de Béarn et de Marguerite de Valois. Aux Pays-Bas, révolte des Gueux, soulèvement général contre l'Empire, en France massacre de la Saint-Barthélemy. Parmi les morts : Pierre Ramus et Claude Goudimel, un des musiciens de Ronsard. Baïf publie ses œuvres et Le Tasse sa pastorale *Aminta*. Mort de François Clouet.
1573	Quatrième édition des *Œuvres*. Ronsard et Hélène de Surgères assistent aux fêtes données à la cour en l'honneur des ambassadeurs de Pologne.	Mort de Michel de l'Hospital. Henri d'Anjou devient roi de Pologne. Desportes, dont il a fait son secrétaire de chancellerie, publie la même année ses *Premières Œuvres poétiques*. Jodelle meurt dans la misère.
1574	Séjour à la cour de Vincennes, puis au Louvre, après la mort de Charles IX. Participation au *Tombeau de Charles IX* et *Discours au Roy après son retour de Pologne*.	Mort de Charles IX, du cardinal de Lorraine et de Marguerite de Savoie. Henri III s'échappe de Pologne pour se faire proclamer roi de France.
1575	Séjours de plus en plus fréquents à Croixval et Saint-Cosme. Publie *Les Étoiles*, dédié à un familier d'Henri III, le *Tombeau de Marguerite de France*, *Les Estrennes au roy Henri III*. Publication des	Publication du *Contr'un* de La Boétie, 2e édition des *Premières Œuvres poétiques* de Desportes, qui connaissent un énorme succès, et dont les rééditions vont se succéder à un rythme de plus en plus rapide.

	Sonnets de P. de Ronsard, mis en musique à cinq, six et sept parties, par Philippe de Monte, et des *Chansons de Pierre de Ronsard, Ph. Desportes et autres,* par Nicolas de la Grotte, organiste du roi.	Fondation de l'Oratoire par Philippe de Néri.
1576	Ronsard rejoint la cour à Blois. Publication des *Meslanges* de Roland de Lassus, des recueils musicaux de Jean de Castro et de Guillaume Boni, qui contiennent des pièces de Ronsard.	Rodolphe II empereur. Il va s'installer à Prague, s'entourer d'astronomes, d'alchimistes et de tableaux de Jérôme Bosch. Pacification des Flandres par la dévastation. En France, paix de Beaulieu, puis formation de la Ligue.
1577	Ronsard et Hélène de Surgères assistent aux fêtes données par Henri III à Plessis-lez-Tours et Chenonceaux pour célébrer la paix.	Mort de Rémi Belleau. Ronsard, Desportes et Amadis Jamyn se retrouvent à ses funérailles.
1578	Cinquième édition des *Œuvres,* où figurent pour la première fois les *Sonnets pour Hélène.* Nouvelle prébende : le prieuré de Saint-Gilles. Publication des *Chansons à quatre voix* d'Antoine Bertrand et des *Poësies de Pierre de Ronsard et autres poètes mis en musique à quatre et cinq parties* de François Regnard.	Don Juan d'Autriche, vainqueur de Lépante, meurt au milieu de son armée décimée par une épidémie avant d'avoir pu réaliser son projet d'expédition en Angleterre pour la délivrance de Marie Stuart. Mort de Pierre Lescot.
1580	Après deux ans d'absence dans le Midi, Hélène revient à Paris.	Publication des deux premiers livres des Essais de Montaigne, et de la *Jérusalem délivrée* du Tasse. Lors de son passage à Ferrare, Montaigne ira rendre visite au Tasse interné dans une maison de fous.
1582	Ronsard, qui souffre de rhumatismes et de goutte, ne quitte plus ses prieurés que pour de courtes visites à Paris chez son ami Galland, principal du collège de Boncour.	Mort de Peletier du Mans.
1583	Sixième édition des *Œuvres.*	Assassinat de Guillaume d'Orange. En France, agitation politique entretenue par la Ligue.

1585	Dernier séjour de Ronsard à Paris. Il revient malade et meurt à Saint-Cosme le 27 décembre.	Mort de Muret. Débuts de Malherbe.
1586	Cérémonie funèbre célébrée dans la chapelle du collège Boncour devant une brillante assistance. Oraison funèbre par Du Perron. Publication posthume des *Derniers Vers*.	Publication des *Poemata* de Daurat et des *Chansonnettes mesurées* de Baïf.
1587	Septième édition des *Œuvres*.	Exécution de Marie Stuart.

BIBLIOGRAPHIE SOMMAIRE

Éditions

Pour qui veut connaître Ronsard, le recours aux œuvres complètes est indispensable, les auteurs de morceaux choisis ayant presque toujours préféré les mièvreries aux œuvres les plus fortes. C'est pour corriger cette optique que nous avons édité en 1985 une anthologie qui tient compte des différents aspects de l'œuvre de Ronsard, sous le titre des *Quatre Saisons de Ronsard* (Gallimard, coll. « Poésie », 1985).

En ce qui concerne les œuvres complètes, il faut tenir compte du fait que Ronsard a modifié ses textes à chaque réédition. Seule la publication des œuvres complètes en vingt brochures de Laumonier (éditeur Nizet) donne le texte original de chaque pièce, accompagné de ses variantes ultérieures. L'édition Vaganay (7 volumes, Garnier, Paris, 1924) a reproduit le texte de l'édition de 1578. La collection « Bibl. de la Pléiade » chez Gallimard s'est longtemps bornée à l'édition de 1584 (dirigée par Gustave Cohen, Paris, 1958). Elle sera remplacée dans le courant de l'année 1993 par une édition nouvelle, et tout à fait mise au point par l'équipe de seiziémistes de Jean Céard. Elle sera désormais l'édition de référence.

Études biographiques

Elles sont nombreuses, mais se répètent. Toutes s'appuient sur la *Vie de Pierre Ronsard*, de Claude Binet, le presque contemporain du poète (cf. édition critique de Laumonier, Paris, 1910). La notice sur Ronsard d'un savant polygraphe du XVIIe siècle, Guillaume Colletet, nous est parvenue malgré l'incendie des Tuileries en 1871 qui a fait disparaître les manuscrits de quatre cents notices biographiques. Les citations et les copies partielles d'écrivains des XVIIIe et XIXe siècles ont permis de reconstituer quelques notices originaires, dont celle de Ronsard,

■ Ci-contre : René Boyvin, personnage de mascarade vu de face. Paris, Bibl. nat.

maintenant accessible grâce à l'édition de Mme Bevilacqua-Caldari (Nizet, Paris, 1983). Ajoutons que l'édition critique de l'*Oraison funèbre sur la mort de M. de Ronsard* de Du Perron (Droz, Genève, 1985), et la publication dans le *Minutier central des notaires de Paris* (édition Archives nationales, Paris, 1985), sous le titre de « Ronsard et ses amis », apportent de précieux renseignements sur les hommes de la Pléiade. L'essai le plus récent d'étude parallèle de la biographie et des textes de Ronsard : Dassonville, *Ronsard, étude historique et littéraire*, 5 volumes prévus, le premier est daté de Genève 1968, le 4e de 1986.

Études historiques

Les universités de la Renaissance étaient jusqu'ici assez peu étudiées. Sur Daurat il n'y avait guère qu'un article du grand seiziémiste anglais, Arthur Tilley, dans « Studies in the French Renaissance » (Harvard, 1922), un article de Gilbert Gadoffre sur « L'université collégiale et la Pléiade » dans *French studies* d'Oxford, octobre, 1957. La thèse de Mme Demerson sur Daurat en son temps (Adosa, 1983) a rassemblé toute une documentation sur la vie et l'œuvre de Daurat. Elle a de plus réédité les œuvres latines de Daurat (publications de la faculté des lettres de Clermont-Ferrand, Nouvelle série, fascicule 5). Sur les rapports entre Ronsard et l'humanisme, le livre de base reste le *Ronsard et l'Humanisme* de Pierre de Nolhac qui a conservé toute sa valeur (Paris, 1922, réimpression Champion, 1966). Trois publications de l'institut Warburg ont renouvelé les connaissances sur les mouvements d'idées qui ont permis à la Pléiade d'éclore, et aussi d'influencer son temps. Le magistral ouvrage de Frances Yates *The French Academies of the Sixteenth Century* (Londres, 1947), *La Survivance des dieux antiques* de Jean Seznec (Londres, 1940) et *Spiritual and Demoniac Magic from Ficino to Campanella* de D. P. Walker (Londres, 1958). Que l'on me permette de renvoyer à trois articles publiés en langue française au cours des années 60 : « Ronsard et la pensée ficinienne » (Archives de philosophie, Paris, juillet 1963) ; « Ronsard et les néo-platoniciens » (*Bulletin de la Société britannique de philosophie et de langue française,* Londres, 1963) ; « Ronsard et le thème solaire » (*Actes du Congrès international de la Société de la Renaissance et de l'Humanisme : Le Soleil à la Renaissance,* Bruxelles, 1965).

Études littéraires et critiques

Une série de numéros spéciaux de revues et d'actes de congrès consacrés au quatrième centenaire de la mort de Ronsard ont renouvelé la critique ronsardienne. En premier lieu, le numéro spécial des *Studi di letteratura francese* sur « Ronsard et l'imaginaire » (Olschki editore, Florence, 1986). *Ronsard au Colloque de Neuchâtel*, édité par André Gendre (Droz, Genève, 1987). *Ronsard et la Rome protestante*, édité par Alain Dufour (Droz, Genève, 1985). *Ronsard in Cambridge*, édité par Dorothy

Coleman (Cambridge, 1986). Le grand colloque international du Collège de France en 1986 a été publié par Droz, Genève, 1988, sous le titre de *Ronsard en son IVe centenaire*. L'année 1988 marque la création japonaise des cahiers annuels consacrés à Ronsard (40 % d'entre eux étant rédigés en français et les autres en japonais) sous le titre de *Revue des Amis de Ronsard au Japon* (5 volumes parus, édités sous la direction du professeur Takata, 4. 9. 5. Isogo, Isogo-ku, Yokohama 235, Japon).

Parmi les études publiées entre les deux guerres et qui n'ont pas vieilli, citons en premier le livre de Marcel Raymond : *L'Influence de Ronsard sur la poésie française*, réédité en 1965. Les problèmes posés par la formation littéraire de Ronsard ont été analysés avec finesse par Franco Simone dans *L'Avviamento poetico di Ronsard*, Florence, 1942. Et la thèse d'Henri Weber sur *La Création poétique au XVIe siècle en France* (Paris, 1956) contient de fines analyses thématiques. L'une des meilleures études d'ensemble publiées sur l'art de Ronsard, établie sous la direction de Terence Cave, *Ronsard the Poet* (Londres, 1973) fait honneur à l'École d'Oxford.

Discographie

Parmi les disques récents consacrés aux musiciens de Ronsard, notons d'abord Pierre Certon, l'un des premiers musiciens auxquels Ronsard a fait appel pour son Supplément musical, un disque de chansons (Harmonia Mundi HM 1034). Deux musiciens auvergnats ont interprété Ronsard de façon particulièrement fidèle et respectueuse de la structure poétique du sonnet : Guillaume Boni, *Les Amours de Pierre Ronsard* (ARION ARN 387-48) ; et surtout le recueil du même titre d'Antoine de Bertrand, qui réussit un équilibre quasi miraculeux entre la poésie et la musique (Harmonia Mundi HM 190-1147).

On trouvera quelques exemples de mise en musique de qualité dans le disque consacré à Guillaume Costeley et intitulé « Musicque » (Musifrance MF 2292-450). Ajoutons un compact sur la musique de danse de la Renaissance dans ARION 347-146.

INDEX ANALYTIQUE

AMOUR. Dissocier les anecdotes pseudo-biographiques des recueils placés sous le signe de *Cassandre*, p. 52, de *Marie*, p. 52-56, de *Hélène*, p. 51-52, de *Sinope*, p. 60. – Schéma physiologique hérité des Anciens, l'intoxication amoureuse par les yeux et le sang, p. 57. – Schéma néoplatonicien des deux amours → néoplatonisme. – L'amour comme élan biologique pourvu d'une amplification cosmique, p. 62. – La création littéraire comme compensation aux frustrations amoureuses, p. 50-51.

ANDROGYNE, mythe platonicien, p. 57, 61, 62.

ARCUEIL, lieu du pique-nique des étudiants du collège Coqueret relaté dans *Le Folâtrissime voyage d'Arcueil*, p. 33-37.

ASTROLOGIE. Caractérologie astrologique et les pouvoirs de Saturne, p. 50, 119. – L'astrologie comme moteur du destin, p. 74, 80. – Fatalisme astral, p. 80 → Nostradamus.

ARCHÉTYPE DE LA BEAUTÉ d'après Bembo, fondement d'une esthétique nouvelle, p. 83-84.

BAÏF (Lazare de), humaniste et diplomate (1496-1547). Protecteur de Ronsard, p. 9, 12. – **Jean Antoine** (1532-1589), son fils, a été l'élève de Daurat avant d'aller au collège Coqueret avec Ronsard et Joachim Du Bellay, qui seront le noyau dur de la future Pléiade. – Sa situation à la mort de son père, p. 15.

BELLAY (Du). Famille, p. 9. – **Joachim** (1522-1560), p. 16-17.

BEMBO (Pietro), humaniste et poète italien, sacré cardinal par Paul III, devenu référence de la poésie humaniste, mort en 1574.

BINET (Claude), auteur du *Discours de la vie de Pierre de Ronsard,* 1586, p. 12, 111, 185.

CHARLES IX. Relations avec Ronsard, p. 65 *sq.*

COLLÈGES DE L'UNIVERSITÉ DE PARIS, p. 27. – Infiltration de l'humanisme facilitée par la structure collégiale des universités de la Renaissance, p. 27-28. – Collège Boncour, p. 29. – Collège Coqueret, p. 29 *sq.* – Le pique-nique d'Arcueil, p. 33-37. – Les académies de collèges, p. 38-40.

COLLETET (Guillaume, 1598-1659). Notice bibiographique sur Ronsard, p. 185.

DAURAT ou **DORAT** (Jean **Dinemandi**, dit), maître à penser du collège Coqueret, p. 29, 30, 38, 40. – Sa pédagogie et son influence, p. 41 *sq.*

DESTIN, *fatum* ou providence, p. 74-81.

DISCOURS en alexandrins de Ronsard pendant les guerres de Religion, p. 67 *sq.*

DROIT. Enseigné en facultés de décret, son rôle social, p. 16-19.

FICIN (Marsilio Ficino), philosophe toscan (1433-1509) dont les œuvres et les traductions ont servi de référence majeure au néoplatonisme français du XVIe siècle → néoplatonisme, p. 41 *sq.*

FRANÇOIS Ier (1494-1647). Les générations des guerres d'Italie, p. 8, 74. – Début de l'inflation vers 1540. Référence de la réussite de l'humanisme au pouvoir.

FUREURS. Théorie des quatre fureurs → néoplatonisme, p. 41-47.

GLOIRE, motivation commune à l'aristocratie d'épée et aux poètes, p. 8 *sq.*

HENRI II (1519-1559), p. 65 *sq.*

HENRI III (1551-1589), p. 66.

HOMÈRE. Légende homérique et autobiographique ronsardienne, p. 12.

JODELLE (Étienne), annexé par la brigade du Coqueret au moment du succès de *Cléopatre,* s'éloignera peu à peu de Ronsard et de ses amis (1532-1573), p. 72.

NÉOPLATONISME ITALIEN. – Théorie de la connaissance par la réminiscence, p. 117-119. – Théorie des quatre fureurs libératrices par les Muses, Apollon, Bacchus et Vénus, p. 41-47. – Théorie des deux amours (cheval blanc et cheval noir), p. 56 *sq.* – Théorie du *poeta vates,* p. 25. – Théorie du parallélisme entre le microcosme et le macrocosme, p. 117-119.

NOSTRADAMUS (Michel), p. 74-77. – Publication des *Centuries,* p. 74.

POSSONNIÈRE (la), gentilhommière vendômoise où le poète a passé une partie de sa jeunesse, p. 8, 10-11.

RONSARD (Louis **de**), père du poète (mort en 1547), ancien combattant des guerres d'Italie, p. 8. – Accueille chez lui des lettrés. Essaie de détourner son fils de la profession littéraire, p. 18-19. – **Jean,** archidiacre de Laval, oncle du poète, lègue sa bibliothèque au poète, p. 9. – **Pierre** (1532-1585). Enfance bucolique dans le vendômois, p. 9. – Éducation de hobereau militaire, page de divers seigneurs, p. 12. – Vérité et légende sur la surdité du poète, p. 13-15. – Opposition à son père sur son orientation, p. 18. – Prise en charge par Lazare de Baïf et entrée au collège Coqueret, p. 30.

TYARD (Pontus **de**), poète (1521-1605), membre de la pléiade, vulgarisateur du néoplatonisme sicilien (*Solitaire premier,* 1552), p. 42 *sq.*

RÉPUBLIQUE DES LETTRES. Son caractère international, p. 17.

Table

Le transfert de la gloire	7
Le noviciat humaniste	27
La résistance des cœurs	49
La résistance de l'histoire	65
La résistance des formes	83
Ronsard et les dieux	105
Œuvres	121
Chronologie	173
Bibliographie sommaire	185
Index	189

Table des illustrations
Bibliothèque nationale, Paris : 13, 14, 20, 26, 31, 40-41, 42-43, 53, 66, 69, 71, 77, 78-79, 82, 87, 95, 97, 110, 113, 115, 129, 134, 145, 155, 158, 168, 170, 172, 184. – Bulloz : 17, 140. – G. Dagli Orti : 6, 35, 48, 51, 59, 64, 84, 89, 104. – Giraudon : 23, 45, 54, 75, 116, 142-143, 153. – Alinari-Giraudon : 167. – Lauros-Giraudon : 24, 76, 108-109, 124, 147, 150. – H. Josse : 60, 98-99, 140. – RMN : 72, 120, 157. – Roger-Viollet : 10-11.

Maquette et réalisation PAO Éditions du Seuil
Photogravure : Nord Compo, Lille

Achevé d'imprimer par Aubin Imprimeur, à Ligugé
D. L. mars 1994. N° 19829 (P 44344)